Renate Dehner & Ulrich Dehner

Introvision – Die Kunst, ohne Stress zu leben

KREUZ

© KREUZ VERLAG
in der Verlag Herder GmbH, Freiburg im Breisgau 2015
Alle Rechte vorbehalten
www.kreuz-verlag.de

Umschlaggestaltung: Vogelsang Design
Umschlagmotiv: © andreusK – fotolia

Satz: de·te·pe, Aalen
Herstellung: CPI books GmbH, Leck

Printed in Germany

ISBN 978-3-451-61299-2

Renate Dehner & Ulrich Dehner

Introvision – Die Kunst, ohne Stress zu leben

Inhalt

Einleitung

Die Anforderungen an die meisten Menschen sind in den vergangenen Jahrzehnten stetig gewachsen und es deutet nichts darauf hin, dass sich dieser Prozess in Zukunft umkehren wird. Im Gegenteil, man kann davon ausgehen, dass sich die meisten auch in kommenden Zeiten mit zunehmenden Aufgaben und mit steigendem Druck konfrontiert sehen werden. Eine der Aufgaben, denen sich moderne Menschen gegenübersehen, besteht darin, einen vernünftigen Umgang mit Stress zu praktizieren und zwar in doppelter Hinsicht: Einerseits müssen sie lernen, mit dem eigenen Stress klarzukommen, und sie brauchen andererseits Techniken und Methoden, Stress nach Möglichkeit gar nicht erst entstehen zu lassen oder ihn zu vermindern.

Warum ist das so wichtig?

Wissenschaftler wie beispielsweise Professor Dr. Hüther sagen, dass Stress innerhalb der nächsten Jahre zum wichtigsten gesundheitlichen Risikofaktor werden wird. Stress verursacht schon heute genau so viele Herzinfarkte wie Rauchen – und bereits jetzt gibt Umfragen zufolge jeder dritte Deutsche an, häufig oder ständig gestresst zu sein. Ganz davon abgesehen, was es für die Lebensqualität eines jeden Einzelnen bedeutet, von Stress-Symptomen oder gar Burn-out bedroht zu sein: In einer Arbeitswelt, in der gute Mitarbeiter und auch gute Führungskräfte heute schon ein rares Gut sind, kann man sich einen vermehrten Ausfall guter Leute gar nicht leisten.

Menschen, die selbst unter starkem Stress stehen, neigen dazu, den Druck an ihre Mitmenschen weiterzugeben, vielleicht auch, weil man sich unter Stress nur noch schlecht in andere hineinversetzen kann. Neuere Untersuchungen haben inzwischen auch den Nachweis erbracht, dass Stress »ansteckend« ist.

Druck und Angst bewirken, dass es zu einer Übererregung großer Hirnregionen kommt. Dadurch wird die Konzentration geringer, was dazu führt, dass die Fehlerhäufigkeit zunimmt. Unter Druck und Angst können Handlungen schlechter geplant werden und man verliert die Fähigkeit, ihre Folgen realistisch abzuschätzen. Auch die Kreativität geht verloren, denn wenn der Druck zunimmt, greift man automatisch auf alte Lösungsmuster zurück. Und je größer die Angst wird, desto mehr steigt die Wahrscheinlichkeit, auf ganz archaische Muster der Stressbewältigung zurückzugreifen, also Angriff, Flucht oder Rückzug in totales Erstarren, in heutiger Zeit als »Burn-out-Syndrom« bekannt.

Die meisten Menschen kennen Methoden, um den bereits vorhandenen Stress zu reduzieren: joggen, Sport treiben, sich auspowern. Das ist auch eine wirksame Möglichkeit, die ausgeschütteten Stress-Hormone möglichst schnell wieder abzubauen. Was all diese sportlichen Betätigungen aber nicht leisten können ist, zu verhindern, dass es überhaupt zu einer Ausschüttung von Stress-Hormonen kommt. Das heißt, Joggen, Radfahren, Tennis, Squash usw. lösen das eigentliche Problem nicht, sie sind zwar eine gute Symptombekämpfung, doch an der zugrunde liegenden Ursache ändert sich nichts.

Auch wenn Stress ein objektiver Faktor ist, der zum Beispiel durch hohe Arbeitsbelastung zustande kommt, entscheidet doch im »gewöhnlichen« Leben der mentale Umgang mit Stress darüber, ob man Stress-Symptome entwickelt oder nicht. Stress-Symptome können sich äußern als Gereiztheit, Aggressivität, allgemeine Unlust, Schlafstörungen, Konzentrationsschwierigkeiten bis hin zur Entscheidungsunfähigkeit, Gefühl von Überforderung, Angstgefühle, zunehmende Gefühle von Verzweiflung, körperliche Verspannungen, Kopfschmerzen, Magenprobleme, hohe Infektions-Anfälligkeit, Bluthochdruck und als letztes Stadium der Burn-out, wenn gar nichts mehr geht.

Doch der äußere Druck mag noch so hoch sein – es ist meist erst der innere Druck, den man sich selbst macht, der dazu führt, dass es zu den genannten Symptomen kommt. Dieser innere Druck ist häufig die Folge innerer Konflikte, die entstehen, weil die inneren Anforderungen mit der Wirklichkeit nicht übereinstimmen. Welche Mechanismen dafür verantwortlich sind und was man dagegen tun kann, wollen wir in diesem Buch beschreiben.

Wer wirklich dafür sorgen will, dass es gar nicht erst zu Stress kommt, muss seinen konditionierten Reaktionen, das heißt, dem gedanklichen Automatismus, der den inneren Druck immer höher schraubt, auf die Spur kommen und lernen, sie zu beenden. Das schafft jene innere Ruhe und Gelassenheit, die jedem äußeren Stress trotzt. Innere Gelassenheit lässt sich jedoch leider nicht kaufen. Dafür muss man selbst etwas tun. Das gilt auch dann, wenn der Stress von außen kommt. Denn auch wenn noch so viel von außen auf uns einstürmt, es ist unsere innere Gelassenheit, die darüber entscheidet, ob wir mit allen bekannten Stress-Symptomen darauf reagieren oder ob wir die »grace under pressure« behalten, die uns befähigt, ruhig und ausgeglichen mit allen Anforderungen umzugehen, ohne uns verrückt zu machen.

Introvision mit dem damit verbundenen Training der Achtsamkeit wird Sie der inneren Gelassenheit einen großen Schritt näher bringen.

1. Kapitel

Wie sich Menschen unnötig das Leben schwer machen: Vier Fallbeschreibungen

1. Fall: Anna Bauer

Eine selbständige Webdesignerin, die bislang sehr erfolgreich mit ihrer Arbeit gewesen war, suchte Hilfe im Coaching, weil sie einen so tiefen Einbruch bei ihrer Arbeit erlebt hatte, dass das nicht nur ihre berufliche Existenz gefährdete, sondern auch ihr Familienleben zu zerstören drohte. Anna Bauer hatte große Kunden gehabt, die sie ständig mit Aufträgen versorgt hatten, bis es eines Tages zu einem herben Einschnitt kam. Ein anderes Webdesign-Büro kickte sie mit niedrigeren Preisen und höherer Präsenz bei den Kunden aus dem Rennen. Ihr war klar, dass sie, um die Verluste auszugleichen, mehr neue Kunden akquirieren musste. Sie besorgte sich also die nötigen Adressen, um potenzielle Kunden ansprechen zu können. Statt jedoch sofort nach Betreten ihres Büros den Telefonhörer in die Hand zu nehmen, »musste« sie zunächst ihre Mails checken, diese Mails anschließend beantworten, dann »musste« sie überprüfen, ob nicht vielleicht jemand über Facebook oder Twitter ihre Dienste angefragt hatte, wo sie schließlich für gewöhnlich hängenblieb, denn interessante Artikel, auch solche, die für die eigene Profession wichtig sind, findet man dort immer. Mit Surfen im Internet ging der Arbeitstag vorbei, sodass sie, wenn sie spätnachmittags das Büro verließ, nicht eine einzige Firma angerufen hatte.

Tag für Tag wurde sie unzufriedener mit sich und den »vertanen Tagen«. Das bekam natürlich auch ihre Familie zu spüren. Sie reagierte gereizt auf ihre Kinder, die die heimkehrende Mutter bestürmten, und ihr Partner konnte ihr nichts mehr recht machen. Die Spannungen in der Familie wuchsen

13

zunehmend, weshalb sie ihr Büro morgens zwar gern als Refugium aufsuchte, ohne aber an ihrem Akquise-Verhalten etwas zu ändern. Das führte dazu, dass ihr berufliches Problem – wie es für sie in ihrer Selbständigkeit weitergehen sollte – immer drängender wurde. Zwar war das zunächst finanziell noch nicht existenziell, da sie über Rücklagen verfügte und ihr Partner gut verdiente, aber ihre Unzufriedenheit wurde immer bedrückender.

Auf der Suche nach einer Lösung für diese frustrierende Situation probierte sie alle möglichen Hilfsmittel aus. Sie brachte Tage damit zu, Artikel und Bücher über Selbstmanagement zu lesen, studierte Anleitungen, wie man als Selbständiger erfolgreich wird, machte sich nach vorgegebenem Rezept einen Erfolgsplan, stellte für jeden Tag eine To-Do-Liste auf, brachte sich aber nie dazu, all diese wunderbaren Dinge in die Tat umzusetzen. In einer der vielen Facebook-Gruppen, die sie in der Hoffnung frequentierte, dort etwas zu finden, was ihr helfen könnte, stieß sie zum Beispiel auf die »Pomodoro-Technik«. Bei diesem Verfahren soll der Widerstand daegen, das zu tun, was man will und soll, dadurch überwunden werden, dass man sich vornimmt, nur zwanzig Minuten lang das Entsprechende zu tun. Das klappte bei ihr ein oder zwei Mal ganz gut, danach kam sie sich albern dabei vor, sich einen Wecker auf zwanzig Minuten zu stellen und »vergaß« es einfach, wie so vieles andere, was sie ausprobierte.

Schlussendlich kam sie darauf, dass sie »positiver denken« müsse. Also nahm sie sich vor, sich beim Aufwachen gleich vorzustellen, wie gefragt sie jetzt wieder bei Kunden ist, wie sie sich in neue Projekte stürzt, Dinge voller Elan anpackt, wieder völlig zufrieden mit ihrem beruflichen Leben ist. Die Vorstellung klappte auch einigermaßen, solange sie noch im Bett war, doch kaum in ihrem Büro angekommen, wurde sie von der traurigen Realität eingeholt. Gelegentlich überwand sie sich sogar, einen potenziellen Kunden anzurufen, aber wenn das nicht sofort zu einer Terminvereinbarung führte, fiel sie nach dem Gespräch in ihr altes Verhalten zurück, surfte im Internet und beschäftigte sich »mit ganz interessanten Dingen«, tat jedoch nichts dafür, aus ihren Schwierigkeiten herauszukommen.

Das verschärfte auch die häusliche Situation, denn ihre Kinder und ihr Partner bekamen ihre Unzufriedenheit immer deutlicher zu spüren. Ihr Partner versuchte zunächst zwar sein Bestes, sie aufzubauen, indem er immer wieder sagte, sie sei doch eine sehr gute Webdesignerin, begabt und voller Ideen, er erntete dafür von ihrer Seite jedoch nur Widerspruch. Sie sei früher mal gut gewesen, jetzt sei es aber wohl anders, die Kunden wollten sie schließlich nicht mehr – kurz, sie hatte für jedes aufmunternde Wort ein »Aber«.

Schließlich war sie fast so weit, ihr Büro zu kündigen, weil sie die Hoffnung auf Veränderung schon aufgegeben hatte. Ihre Rücklagen waren aufgebraucht, und ihr Verhältnis zu ihrem Partner war so belastet, dass er zu seinem letzten Mittel griff, indem er ihr sagte: »Wenn du jetzt nicht etwas Wirksames unternimmst, um aus deinem Loch herauszukommen, überlege ich mir ernsthaft, ob es nicht besser wäre, wir würden uns trennen!«

All ihre Versuche, auf eigene Faust an ihrer beruflichen Situation etwas zu ändern, hatten nichts gefruchtet und jetzt stand auch noch die Drohung im Raum, dass ihre Beziehung scheitern würde. Als sie sich zum Coaching entschloss, zweifelte sie mittlerweile so stark an sich selbst, dass sie nahe daran war, ganz in einer Depression zu versinken.

2. Fall: Christian

Der zweite Fall ist der eines Studenten, der sein Physikstudium sehr verantwortungsvoll und leistungsbereit betrieb. Er verbrachte seine Tage mit Praktika an der Universität und lernte fleißig, hatte aber auch gute soziale Beziehungen, verstand sich gut mit seinen Eltern und hatte sein Leben im Griff. Er entwickelte trotz alledem immer mehr Prüfungsangst. Als ihm eine sehr wichtige Prüfung bevorstand, konnte er zwar noch dafür lernen, hatte sich aber bereits so in seine Angst hineingesteigert, dass er beim Gedanken an die eigentliche Prüfung von solcher Panik ergriffen wurde, dass ihm körperlich unwohl wurde. Das schaukelte sich so weit hoch, dass sein Magen revoltierte und er sich übergeben musste.

Christian hatte in früheren Prüfungen auch bereits die Erfahrung gemacht, dass es ihm währenddessen entsetzlich ging, denn er war die ganze Zeit beherrscht von Angst und spürte deutlich, dass dadurch seine Denkfähigkeit stark beeinträchtigt war. Er konnte kaum einen klaren Gedanken fassen und wenn er merkte, dass er eine Aufgabe nicht sofort lösen konnte, geriet er in helle Aufregung – strukturiertes und gelassenes Nachdenken rückte in weite Ferne. So war er trotz guter Vorbereitung tatsächlich auch schon durchgefallen.

Obwohl seine Eltern und seine Freunde mit Verständnis darauf reagiert hatten, half das nicht, seine Prüfungsangst zu lindern. Seine Eltern taten, was sie konnten, um ihn zu beruhigen. Doch all ihre Versuche, ihm zu vermitteln, dass es doch kein Beinbruch sei, wenn er durch die Prüfung fiele, halfen ihm ebenso wenig wie das Wissen, dass er die Prüfung ja notfalls würde wiederholen können. Seine Freunde gaben sich Mühe, ihn abzulenken, wenn er in Panik geriet, doch diese Ablenkungsmanöver zeitigten immer nur kurzfristige Erleichterungen. Sobald Christian wieder an die Prüfung dachte, war es mit seinem Seelenfrieden vorbei. Auch die Maßnahmen, die er selbst ergriff, um seine Anspannung zu lindern, führten zu keinem Erfolg. Er hatte mit Autogenem Training und mit Progressiver Muskelrelaxation nach Jacobsen versucht, der Angst Herr zu werden. Doch keine der Methoden brachte dauerhaften Erfolg. Er konnte sich damit immer nur kurzfristig beruhigen.

Die jetzt bevorstehende Prüfung musste er bestehen. Diesmal wäre eine Wiederholung der Prüfung nicht mehr möglich – würde er jetzt durchfallen, wäre es mit seinem Studium vorbei. Dieses Wissen verschlimmerte seine Angst natürlich noch und das Coaching erschien ihm als der letzte rettende Anker.

3. Fall: Franziska Eberhard

Hier geht es um eine sehr schwierige Beziehung. Franziska liebte ihren Mann wirklich und hatte im Laufe ihrer Beziehung mit ihm viele sehr schöne Momente erlebt, sodass sie sich auch keineswegs von ihm trennen wollte. Doch gab es auch eine Kehrseite in dieser Beziehung. Franziska litt sehr unter den Abwertungen ihres Partners, zu denen es viel zu häufig kam. Wenn er sich selbst abgewertet fühlte, aus welchem Grund auch immer, wusste er sich nicht anders zu helfen, als seine Partnerin wüst zu beschimpfen. Sie fand diese verletzenden Szenen kaum auszuhalten, hing aber andererseits viel zu sehr an ihrem Mann, als dass sie die Ehe hätte beenden wollen.

Um zu lernen, mit diesen Schwierigkeiten umzugehen, hatte sie mehrere Therapien gemacht, die jedoch insofern erfolglos blieben, als sich am Grundmuster ihrer Konflikte mit ihrem Mann nichts änderte. In ihrer Verzweiflung hatte sie sogar einen Schamanen aufgesucht, in der Hoffnung durch die Arbeit mit ihm ihr Problem zu lösen.

Bei Franziska kam noch die Schwierigkeit hinzu, dass sie es an ihrem Arbeitsplatz jedem recht machen wollte, weshalb sie immer mit großer Anspannung bei der Arbeit war. Durch den Stress, den der Arbeitstag ihr verursachte, stieg gleichzeitig auch die Gefahr, dass sie abends mit ihrem Mann aneinandergeriet. Dabei wiederholte sich regelmäßig folgendes Szenario: Wenn sie erschöpft nach Hause kam und deshalb nicht in der Weise positiv auf ihren Mann reagieren konnte, wie er es erwartete, hatte er den Eindruck, nicht wahrgenommen und nicht wertgeschätzt zu werden. Darauf reagierte er abwertend und aggressiv, was sie veranlasste, eine Verteidigungshaltung einzunehmen und sich zu rechtfertigen, mit dem Erfolg, dass seine Angriffe immer heftiger wurden.

Das Ende vom Lied war immer, dass Franziska in Tränen aufgelöst davon überzeugt war, eigentlich gar nicht liebenswert zu sein. Da half auch das »positive Denken« nicht, zu dem sie gelegentlich Zuflucht nahm. Das funktionierte zwar ein bisschen in den Momenten, in denen sie sich gebetsmühlenartig wiederholte: »Ich bin liebenswert, ich bin jemand, den man mögen kann«, aber nie dann, wenn sie es gebraucht hätte. Sobald sie sich mit ihrem Mann in der Auseinandersetzung befand, bekam ihr eigentlicher Glaubenssatz, dass sie nämlich nicht liebenswert sei, wieder die Oberhand. Aus diesem Grund grenzte sie sich auch nicht energisch gegen ihren Mann ab, sondern ließ jedes Gewitter über sich ergehen.

Alle ihre Versuche, dieses sich wöchentlich mehrmals drehende Karussell zu unterbrechen, waren bisher misslungen. Sie nahm sich hunderte Male vor, ruhig zu bleiben, nicht auf seine Beschimpfungen zu reagieren, und landete doch immer wieder in der Verteidigungsposition und damit im Streit. Sie führte sich alle Erkenntnisse aus den Therapien, die sie gemacht hatte, vor Augen, sie war sich im Klaren darüber, was ihre heutige Situation mit ihrer Kindheit, mit dem Verhalten ihrer Eltern zu tun hatte – hatte aber trotz des guten Verständnisses für diese Zusammenhänge keine Möglichkeit gefunden, ihr eigentliches Problem zu lösen. Auch das Verständnis für die tragische Verstrickung, in der sie sich mit ihrem Mann befand – ihr Verhaltensmuster, um sich zu schützen, empfindet er als Bedrohung, sein Verhaltensmuster, um sich zu schützen, stellt für sie eine Bedrohung dar – hatte sie nicht weitergebracht. In lichten Momenten dachte sie dann zwar positiver über die Beziehung, den destruktiven Kreislauf stoppen konnte sie damit aber nicht.

Als Franziska auf Empfehlung einer Freundin ins Coaching

kam, war sie einigermaßen verzweifelt, weil sie den Eindruck hatte, dass es keinen Ausweg aus ihrer Lage gab: Sie wollte so nicht weitermachen, weil sie von Jahr zu Jahr unglücklicher geworden war, sich trennen, wie Freunde und Familie ihr rieten, wollte sie aber auch nicht. Außerdem hatte sie in früheren Beziehungen die Erfahrung gemacht, dass es ihr da auch nicht besser gegangen war. Es schien ihr Schicksal zu sein, immer wieder an Männer zu geraten, die ihr das Leben schwer machten.

4. Fall: Oliver Friedrich

Der vierte Fall behandelt das Problem eines jungen Mannes, der sich vor Kurzem selbständig gemacht hatte und natürlich für jeden Kunden dankbar war. Da sein Geschäft längst noch nicht so florierte, wie er sich das wünschte, bereitete ihm der Gedanke, er könne einen Kunden und damit das dringend benötigte Geld verlieren, beständig Sorge. Diese Sorge ging schließlich so weit, dass Oliver sich von seinem Hauptkunden sehr schlecht behandeln ließ. Der Kunde sprang mit ihm um, als sei er ein untergeordneter Mitarbeiter, den man einfach herumkommandieren kann. Darüber hinaus bezahlte er noch nicht einmal gut. Für diesen Kunden zu arbeiten, fiel Oliver zunehmend schwerer. Sich gegen die Behandlung zu wehren, traute er sich aber auch nicht, denn er hatte Angst davor, womöglich einen Großteil seines Einkommens zu verlieren.

Oliver war klar, dass er diesem Kunden gegenüber ein sehr angepasstes Verhalten an den Tag legte, das sich deutlich von seinem üblichen Auftreten unterschied. Die meisten Menschen kannten ihn nämlich als fröhlich, selbstbewusst und sicher. Also nahm er sich immer wieder vor, diese angepasste Seite abzulegen und auch dem Kunden gegenüber jenes Selbstbewusstsein zu zeigen, das er eigentlich von sich gewöhnt war. In Gedanken stellte er sich vor, beim nächsten Zusammentreffen sicher aufzutreten, deutlich zu sagen, was er von der Art und Weise hielt, wie man mit ihm umging, alle kritischen Punkte anzusprechen – mit dem Ergebnis, dass er den Mund entweder überhaupt nicht aufmachte, oder sich, wenn er sich doch mal traute, etwas zu sagen, vom Kunden ganz schnell einseifen ließ, von wegen, das sei doch alles nicht so gemeint, die Zeiten seien halt stressig und er solle sich nicht so haben.

Für Oliver waren die Zeiten tatsächlich stressig und wurden es immer mehr, je länger sich die Situation hinzog. Für ihn war es wie die Wahl zwischen Pest und Cholera: Für den Kunden zu arbeiten, verursachte ihm großen Stress, der Gedanke, diesen Auftrag und das damit verbundene Einkommen zu verlieren, verursachte ihm jedoch noch mehr Stress, denn er fürchtete um seine Existenzgrundlage.

Als er ins Coaching kam, hatte er etwa zwei Jahre dieser unbefriedigenden Situation hinter sich und beurteilte seine Lage als aussichtslos. Er hatte zwar mit anderen Kunden die Erfahrung gemacht, wie eine Zusammenarbeit auch aussehen kann, nämlich angenehm, freundschaftlich und kooperativ, aber er hatte eben nicht genug Aufträge, um dem Hauptkunden zu kündigen. Inzwischen fühlte er sich jedoch nicht nur von der Art des Kunden bedrückt, sondern auch von seiner eigenen Unfähigkeit, sich zur Wehr zu setzen. Sobald er das Firmengebäude betrat, schienen all die inneren Ressourcen, die er besaß, von ihm abzufallen. Während er bei anderen genau wusste, was er kann und was er leistet, fühlte er sich diesem Kunden gegenüber nur unsicher und ließ sich schnell in Frage stellen. Er konnte sich sein eigenes Verhalten nicht erklären.

Wie kommt es zu problematischen Verhaltensmustern und warum lassen sie sich oft so schwer verändern?

Bei Fällen wie den eben geschilderten fragt man sich wohl als erstes, wie sich solche Verhaltensweisen erklären lassen. Was passiert da eigentlich? Menschen nehmen sich ganz ernsthaft vor, ihr Verhalten zu ändern, sie nehmen manchmal zusätzlich professionelle Hilfe in Anspruch, sie haben das Verhalten, das sie zeigen wollen, in anderen Situationen ganz selbstverständlich zur Verfügung und trotzdem fallen sie immer wieder in die alten Muster zurück.

Aus der Vulgärpsychologie kennt man Erklärungsansätze, die besagen, jemand »brauche« seine Schwierigkeiten aus dem einen oder anderen Grund, oder derjenige »wolle nicht wirklich« etwas verändern und ähnlich pseudo-hilfreiche Unterstellungen. Wer sich jemals in einer ähnlichen Situation befunden hat wie Anna Bauer, Christian, Franziska Eberhard oder Oliver Friedrich, der weiß, dass solche vermeintlichen »Erklärungen« völlig unbrauchbar sind. Sie bringen niemanden weiter. Wir sind davon überzeugt, dass jeder Mensch mit Schwierigkeiten wirklich will, dass es ihm besser geht. Niemand verharrt freiwillig in einer unangenehmen oder schmerzhaften Lage – es sei denn, die Alternative erscheint ihm noch schlimmer!

Menschen vermeiden Unangenehmes, wenn es ihnen möglich ist, und suchen das Angenehme. Therapeuten, die mit dem Modell des »Widerstands« argumentieren, den der Klient angeblich an den Tag legt, tun das unseres Erachtens aus der Verzweiflung heraus, dem Klienten nicht helfen zu können. Also wird kurzerhand die »Schuld« daran, dass sich nichts verändert, dem Klienten in die Schuhe geschoben. Sätze wie »Der Klient will eigentlich gar nichts verändern« oder »Der Klient fühlt sich ganz wohl mit seinem Elend« sind in unseren Augen eher Aussagen über den Therapeuten als über den Klienten.

Mit dem Erklärungsansatz, den die Introvision bietet, lässt sich verstehen, weshalb sich bestimmte Verhaltensweisen so schwer oder gar nicht ablegen lassen und weshalb auch die herkömmlichen Mittel keine wirkliche Hilfe bringen. Wir kommen auf diese vier Fallbeschreibungen in Kapitel 12 nochmals zurück und zeigen, wie es diesen Klienten gelungen ist, mit Hilfe der Introvision entspannter, glücklicher und stressfreier zu leben.

2. Kapitel

Die theoretischen Grundlagen der Introvision

Die Introvision ist eine Methodik, die an der Universität Hamburg von Professor Angelika Wagner entwickelt wurde (siehe A.C. Wagner »Gelassenheit durch Auflösung innerer Konflikte«, Kohlhammer 2007). Professor Wagner, die einen Lehrstuhl in Pädagogischer Psychologie innehatte, hatte sich ursprünglich damit beschäftigt, wie sich sowohl Lehrer als auch Schüler im Unterricht blockieren. Bei der Erforschung der Gründe für das Phänomen, dass Menschen sich selbst blockieren, begann sie zunächst damit, ihre Versuchspersonen aufzufordern, ihre inneren Dialoge während der Blockade-Situationen nachträglich laut zu äußern. Dabei fiel ihr auf, dass ein gemeinsames Merkmal dieser inneren Dialoge die Gedankenschleifen waren, in denen sich die Menschen schnell verfingen.

Diese kreisenden Gedanken, die wahrscheinlich jeder schon einmal selbst erlebt hat, führen schnell dazu, dass die anfängliche innere Anspannung noch weiter wächst und die Aufregung immer größer wird. Ein Schüler, der an der Tafel eine Frage nicht sofort beantworten kann, könnte zum Beispiel eine Gedankenfolge entwickeln wie »Ich weiß jetzt nicht mehr genau ... ich muss mich erinnern ... ich darf nicht dumm dastehen ... wie war das noch mal ... was denkt der Lehrer jetzt von mir ... dabei habe ich das doch gelernt ... gleich lachen mich alle aus ... war das jetzt so oder so ... ich kann mich nicht mehr erinnern ... gleich lachen alle, weil ich so blöd dastehe ... was soll ich bloß sagen ... ich darf mich nicht blamieren ... was wird der Lehrer denken ... ich habe es doch gelernt ... ich muss mich erinnern ... ich darf mich nicht so blamieren ... « Der innere Druck, den die kreisenden Gedanken auslösen, führt jedoch nicht weiter, sondern erhöht

23

die Anspannung und die Angst nur noch, im schlimmsten Fall, bis der Schüler gänzlich blockiert ist.

Bei der Auswertung der nachträglich laut geäußerten inneren Dialoge fiel Professor Wagner auf, dass in all den internen Gesprächen etwas auftrat, das sie einen inneren »Imperativ« nannte. Dieser Imperativ ist eine innere Stimme, die fordert, dass entweder *etwas unbedingt passieren muss* oder dass *etwas auf keinen Fall passieren darf*. Bei unserem Schüler an der Tafel ist das die Forderung: »Ich darf mich auf gar keinen Fall blamieren!« Der Imperativ übernimmt die Oberhand über das Denken. Aber wie kommt es überhaupt zu Imperativen?

Wie entstehen Imperative?

Um zu verstehen, was es mit Introvision auf sich hat und warum diese Methode so gut wirkt, muss man sich mit der interessanten Theorie mentaler Prozesse beschäftigen. Angelika Wagner, die jahrzehntelang über die Wirkungsweise des menschlichen Gehirns geforscht hat, entwickelte, um mentale Prozesse zu beschreiben, die Theorie der »mentalen Introferenz«. Wir wollen diese komplexe und komplizierte Theorie möglichst einfach und verständlich darstellen. Dazu wählen wir eine stark verkürzte Darstellungsform, denn die Theorie zur Gänze darzulegen, würde den Rahmen dieses Buches sprengen. Eine gute Möglichkeit, sich weiter in die theoretischen Grundlagen von Introvision zu vertiefen, bietet das bereits erwähnte Buch von Professor Wagner.

Die Theorie der mentalen Introferenz bietet einen Erklärungsansatz dafür, wie das menschliche Gehirn Daten verarbeitet. Nach jetzigem Forschungsstand kann man laut Angelika Wagner davon ausgehen, dass es im Denkapparat zwei Systeme gibt: das epistemische und das introferente System. Im epistemischen System wird nur gültige Information berücksichtigt und verarbeitet, während das introferente System auch ungültige oder unklare Informationen mitverarbeitet.

Das epistemische System:
Die Wirklichkeit wird erkannt

Das epistemische System (griechisch: epistamai = verstehen, wissen), das nur mit gültigen Kognitionen arbeitet – das sind alle Informationen und Gedanken –, wird als das grundlegende Denksystem betrachtet. Dieses Denksystem ist für uns unerlässlich, denn seine Aufgabe es ist, unser Verhalten nach innen und außen zu steuern. Es sorgt dafür, dass wir die Welt nach innen richtig repräsentieren und deshalb nach außen sinnvoll und richtig auf sie reagieren können. Damit es dieser lebenswichtigen Aufgabe gerecht werden kann, existiert im Denkapparat ein Teilsystem, das ständig die Gültigkeit unserer Wahrnehmungen überprüft und anschließend ungültige oder unklare Gedanken von der weiteren Informationsverarbeitung ausschließt. Es sorgt so dafür, dass wir realistisch auf die Welt reagieren können und dass wir nicht verrückt werden.

Nun kann es aber vorkommen, dass das epistemische System vorübergehend lahmgelegt wird, es sozusagen »hängenbleibt«, weil plötzlich ein gültiger, überprüfter Gedanke nicht zur Verfügung steht. Vergleichbar ist das mit einer Situation, die vermutlich jeder kennt: Man denkt an einen bestimmten Menschen oder will etwas über ihn sagen und man kommt partout nicht mehr auf seinen Namen. Man ist verwirrt, vielleicht auch verärgert, aber der Name, der »auf der Zunge liegt«, will sich nicht einstellen. Dann bleibt das Denksystem für einen Moment hängen. Dieses Hängenbleiben wirkt sich so aus, dass man ohne die gültige Information – den Namen – seinen Gedanken oder die Geschichte, die man erzählen wollte, zunächst nicht in der gewünschten Form weiterführen kann.

Das Gleiche ereignet sich, wenn etwas passiert, das man nicht sofort einordnen kann. Auch dann bleibt das Denksystem erst einmal hängen. Man ist verwirrt, denn man hat keine Erklärung, zumindest keine gültige, eindeutige Erklärung für das Geschehen. Das Hängenbleiben des epistemischen Systems geschieht immer dann, wenn »Fehler« im Informationssystem auftreten, also wenn es zum Beispiel zu Widersprüchen im Denksystem kommt, die sich nicht miteinander vereinbaren lassen. Wenn also zum Beispiel die Anzeigentafel im Flughafen ankündigt, dass das Flugzeug mit Verspätung landet, während die Lautsprecherdurchsage verkündet, dass es pünktlich eintrifft, so sind das zwei Informationen, die nicht zur Deckung zu bringen sind – mit der Folge, dass die Empfänger der Botschaften verwirrt sind. Sie bleiben hängen in der weiteren Verarbeitung der Daten, denn sie wissen nicht, welche gültig sind.

Eine weitere Möglichkeit, wie es zum Hängenbleiben der Datenverarbeitung kommen kann, ist das Vorhandensein von inkongruenten Informationen. Als inkongruent werden Informationen bezeichnet, die so, wie sie auftreten, dem eigenen Empfinden nach einfach nicht stimmen können. Wie so etwas passieren kann, schildert Angelika Wagner am Beispiel, wenn man als Erwachsener nach längerer Zeit einen Weg wieder geht, den man aus seiner Kindheit gut kennt. Man ist sich ganz sicher, dass man just an dieser Stelle nach rechts abbiegen muss – nur, dass da gar keine Straße zum Abbiegen ist. In diesem Moment weicht die Realität erheblich von der Vorstellung ab, man ist verwirrt – und das System bleibt erst einmal hängen, man weiß nicht, wie man weitergehen soll. Wenn die Wirklichkeit und meine Vorstellung davon, wie die Wirklichkeit sein sollte, nicht übereinstimmen, sind die Informationen, die mein Hirn verarbeiten muss, inkongruent.

Eine Ähnlichkeit damit besitzt auch die Diskrepanz zwischen »Ist« und »Soll«. Wenn etwas durchaus nicht so läuft, wie es der eigenen Einschätzung gemäß laufen sollte, kann auch das zur Folge haben, dass das epistemische System hängenbleibt. Das passiert zum Beispiel, wenn ein Gespräch sich gänzlich anders entwickelt, als man sich das vorgestellt hatte. Ein Beispiel ist die folgende Situation: Man hat gut gearbeitet, im Job einige Erfolge erzielt, wird zum Chef gerufen und erwartet sich davon eine Gehaltserhöhung, mindestens aber ein

Lob. Stattdessen wird einem der Kopf gewaschen wegen einer völlig belanglosen Nebensächlichkeit. Man ist so perplex, dass man nicht adäquat auf die Vorwürfe reagieren kann – das epistemische System ist hängengeblieben.

Auch eine »Leerstelle« kann zu einem Fehler in meiner Datenverarbeitung führen: Wenn ich keine Ahnung habe, was jetzt, in einer gegebenen Situation, zu tun ist, kann das ein Hängenbleiben des epistemischen Systems zur Folge haben. Wenn ich zum Beispiel verbal angegriffen werde, aber keine Ahnung habe, weshalb, bin ich vielleicht so verwirrt, dass mir die Worte fehlen. Ich habe keine Ahnung, was ich dazu sagen, wie ich mich dagegen wehren soll, ich bin einfach nur schockiert. Dieses Schockiert-Sein ist das Hängenbleiben des Verarbeitungssystems.

Wir sehen, es gibt viele Möglichkeiten, wie es zu einem Hängenbleiben des epistemischen Systems kommen kann. In allen Fällen des Hängenbleibens liegt laut Angelika Wagner ein »Mangel« vor: Etwas, das benötigt wird, fehlt. Die Leerstelle, das, was fehlt, ist die für die Weiterverarbeitung nötige, nächste gültige Information, beziehungsweise der nächste gültige Gedanke. Aus diesem Grund beginnen die Gedanken sich im Kreis zu drehen. Für das epistemische System gibt es zwei »gültige« Möglichkeiten, dieses Gedankenkreisen zu beenden. Entweder wird der Mangel behoben, das heißt, das Gehirn erhält noch die richtigen und gültigen Informationen, die es braucht, um weiterzumachen, dann nimmt der gedankliche Verarbeitungsprozess einfach seinen weiteren Gang. Oder der laufende Verarbeitungsprozess wird deaktiviert.

Das introferente System: Erkenntnisse werden verfälscht

Das Gehirn hat sich jedoch noch einen weiteren Ausweg geschaffen und hier kommt eine weitere Möglichkeit der gedanklichen Datenverarbeitung ins Spiel, die in der Introvisionstheorie das »introferente System« genannt wird. Der lateinische Ursprung von »introferent« bedeutet, dass etwas »hineingetragen« wird. Und genau das macht das introferente System. Es trägt etwas in den gedanklichen Verarbeitungsprozess hinein, das da ursprünglich gar nicht hineingehört. Dabei handelt es sich oft um einen ungültigen Gedanken oder eine ungültige Information, die als Ersatz für die fehlende gültige genommen wird, damit der Verarbeitungsprozess weitergehen kann.

Wir wollen noch einmal auf das von Angelika Wagner gewählte Beispiel zurückkommen, dass man als Erwachsener einen Weg entlanggeht, den man aus Kindertagen noch ganz deutlich im Kopf zu haben glaubt, und die Straße, in die man da abbiegen müsste, nicht vorfindet. Dann könnte man die »Leerstelle«, die daraufhin im epistemischen System entsteht, mit der nicht sicher gültigen Information füllen: »Es muss hier nach rechts gehen, also bleibe ich weiter auf der rechten Seite, dann werde ich schon richtig an mein Ziel kommen.«

Nicht wirklich gesichert und gültig ist dieser Gedanke, weil dabei außer Acht gelassen wird, dass es ja durchaus möglich sein könnte, dass man schon seit geraumer Zeit ganz falsch geht und deshalb die richtige Ecke zum Abbiegen verpasst hat. Man nähert sich also nicht unbedingt tatsächlich seinem Ziel, aber: Die Verarbeitung geht erst einmal weiter. Auf die Art und Weise verläuft man sich zwar unter Umständen erst recht. Doch die Hilflosigkeit, die verbunden war mit dem Hängenbleiben des epistemischen Systems, die hat man erst einmal überwunden. Und nur darauf kommt es unserem Denksystem an.

So, wie es die zentrale Aufgabe des Organs »Herz« ist, Blut durch unseren Körper zu pumpen, so ist es die zentrale Aufgabe des Organs »Gehirn«, Daten zu verarbeiten und Probleme zu lösen. Das ist der Grund, weshalb das Gehirn das introferente System arbeiten lässt. Beim introferenten Eingreifen werden gültige Gedanken vorübergehend außer Kraft gesetzt, damit das Hirn zumindest die Illusion der Handlungsfähigkeit aufrechterhalten kann. Ein wenig lässt sich die Funktion des introferenten Systems vielleicht vergleichen mit der Funktion, die Sirene und Blaulicht an Polizeifahrzeug oder Krankenwagen haben – wenn sie eingeschaltet werden, wird für dieses Fahrzeug die ansonsten gültige Straßenverkehrsordnung vorübergehend außer Kraft gesetzt. Das Fahrzeug ist dadurch in der Lage, sehr viel schneller zu handeln, als wenn es sich an die gültige Ordnung hielte. Wenn das Gehirn mit dem epistemischen System nicht weiterkommt, bedient es sich des introferenten Systems.

Wie funktioniert das introferente Eingreifen?

Was genau geschieht beim introferenten Eingreifen? Es bedarf dazu mehrerer Schritte. Als erstes benötigt man eine »Ersatzinformation« als Ersatzgedanken für die fehlende gültige Information. Um beim Wege-Beispiel zu bleiben: Der gültige Gedanke, wenn man nicht wie erwartet rechts abbiegen kann, würde lauten: »Offensichtlich kann ich mich nicht mehr genau erinnern. Ich habe keine Ahnung, wo genau ich eigentlich bin. Wahrscheinlich habe ich mich verlaufen.«

Der Ersatzgedanke aber sagt: »Hier muss es rechts abgehen! Ich muss mich einfach nur rechts halten, dann komme ich an mein Ziel.« Damit das gedankliche Verarbeitungssystem weiß, welcher dieser beiden Gedanken nun weiter verwendet und welcher überdeckt werden soll, wird es beide markieren. In einem dritten Schritt wird das Bewusstsein eng gestellt, die Aufmerksamkeit wird fokussiert auf den überdeckenden Gedanken, der auf diese Art und Weise im Verstand zu einem Gedanken umgeformt wird, der einen zwingenden Charakter besitzt: »Ich *muss* mich einfach nur rechts halten, dann komme ich an mein Ziel.« Auf diesen »zwingenden Gedanken« werden wir später noch ausführlich zurückkommen, denn dabei handelt es sich um einen der Schlüsselbegriffe der

Introvision, um einen sogenannten »Imperativ«. Ein Imperativ im Sinne der Introvision ist Ausdruck eines Befehls – entweder eine Aufforderung oder ein Verbot – und genau diese Eigenschaft besitzt auch der introferente Ersatzgedanke.

Vom Verstand wird dieser Gedanke festgehalten, während der andere, der an und für sich nach dem epistemischen System gültige Gedanke »Ich habe keine Ahnung, wo genau ich bin« ausgeblendet wird. Das heißt, der Prozess der Informationsverarbeitung wird im Gehirn auf der Basis des introferenten Gedankens weitergeführt. Häufig werden als Ersatzinformationen oder Ersatzgedanken solche gewählt, die der fehlenden gültigen Information relativ ähnlich sehen – dadurch werden sie auch leicht mit tatsächlich gültigen Gedanken verwechselt.

Wir wollen uns diesen Prozess der gedanklichen Datenverarbeitung noch einmal vergegenwärtigen: Durch das Eingreifen des introferenten Systems wird der ursprüngliche gültige Gedanken »überschrieben«, also etwa so, wie wenn man eine Notiz auf einem Zettel mit einem dicken Stift überschreibt, um das Darunterliegende zum Verschwinden zu bringen, und man nur noch das dick Geschriebene lesen kann: Man schreibt zunächst auf: »Treffen um 18 Uhr«, dann erinnert man sich, dass das Treffen um 20 Uhr sein sollte, und malt dick 20 über die ursprüngliche 18. Damit hat man die Zahl, die nun gelten soll, eindeutig markiert, jedoch ohne die ursprüngliche Information endgültig zu löschen, sie wurde nur überschrieben.

Zusätzlich findet beim Eingreifen des introferenten Systems eine weitere Markierung statt, denn die neue (ungültige) Information wird gekoppelt mit erhöhter Erregung. Eine Funktion dieser erhöhten Erregung besteht darin, dass sie dem Gehirn signalisiert »Behandle diese Information/diesen Gedanken so, als ob es sich um eine gültige Information/einen gültigen Gedanken handeln würde!« Der Gedanke »Ich MUSS mich einfach nur rechts halten, dann komme ich an mein Ziel!« verbindet sich mit dieser inneren Anspannung und daraus wird genau das, was man als Druck und Stress erlebt, wenn man es mit inneren Imperativen zu tun hat.

Innere Imperative: Die Macht nicht gültiger Gedanken

Innere Imperative finden sich immer dann, wenn das introferente System eingreift und dem gedanklichen Verarbeitungssystem einen nicht gültigen Gedanken aufprägt, und sie haben deshalb immer die Form von »Etwas *muss* so oder so geschehen« beziehungsweise »Etwas *darf auf keinen Fall* so oder so geschehen«.

Der innerer Imperativ wird gekoppelt mit dem Verbot, ihn aufzugeben: Dies ist ein Mechanismus des Gehirns, um sich auch in Zukunft die Verwirrung, welche Information/welcher Gedanke denn nun als gültig betrachtet werden soll, zu ersparen. Denn diese Verwirrung macht das Gehirn arbeits- und handlungsunfähig – es kann nur weiterarbeiten, wenn es sich auf eine einzige Information/einen einzigen Gedanken fokussiert. Zwei einander widersprechende Gedanken oder Informationen würden das Gehirn blockieren. Man kennt das von sich selbst sicher aus der Situation, wenn man zwei gleich attraktive Angebote zur Auswahl hat: Man ist in seiner Entscheidung blockiert und weiß erst einmal nicht weiter. Da das Gehirn als Organ zur Problemlösung möglichst schnell weiterarbeiten will, belegt es den inneren Imperativ mit einem starken Verbot, ihn aufzugeben. Das ist einer der Gründe, weshalb es so schwer ist, sich quasi »per Beschluss« von einem Imperativ zu lösen. Wenn der innere Imperativ »Ich muss mich anpassen!« installiert wurde, kann man meist nicht einfach per Beschluss selbstbewusst aus der Reihe tanzen – man kriegt es einfach nicht hin! Und je stärker verankert der Imperativ, desto stärker das installierte Verbot, sich von ihm zu trennen.

Mit der eben skizzierten, nicht ganz einfachen Theorie erklärt Angelika Wagner das Entstehen der Imperative auf einer quasi »mechanischen Basis«, in einer Art Funktionsanalyse des Gehirns. Dieser hier in aller Kürze geschilderte theoretische Ansatz, mit welchen Schritten das Gehirn einen Imperativ installiert und dauerhaft verankert, ist zwar wichtig und interessant, erklärt aber noch nicht, weshalb von Menschen ganz bestimmte Imperative entwickelt werden. Weshalb herrscht bei einem Menschen der Imperativ »Ich darf keine Fehler machen!«, während sein Nachbar unbekümmert nach dem Prinzip »Trial and Error« verfährt? Warum handelt der eine nach dem Imperativ »Ich muss für Harmonie in meiner Umgebung sorgen!«, während ein anderer kein Problem damit hat, ein Streithahn zu sein?

Uns hat nicht nur das »Wie« interessiert, sondern auch das »Warum«– wir wollten der Frage nachgehen, welche lebensgeschichtlichen Zusammenhänge dafür verantwortlich sind, dass es zur Ausbildung ganz bestimmter Imperative kommt. Wir haben Professor Wagners aus der Forschung stammende, sehr technische Erklärung dessen, was im Gehirn passiert, deshalb in diesem Buch verknüpft mit Modellen aus der Transaktionsanalyse.

Eines der besten Modelle, um menschliche Verhaltensweisen und wie sie erworben werden, zu erklären, ist in unseren Augen die Transaktionsanalyse. Die Transaktionsanalyse ist ein Therapieverfahren, das etwa in den 1960er Jahren vom amerikanischen Psychiater Eric Berne entwickelt wurde. Die theoretischen Grundlagen der Transaktionsanalyse liefern ein schlüssiges und anschauliches Erklärungsmodell dafür, wie es lebensgeschichtlich zur Entwicklung von Imperativen kommen kann. Das werden wir im Kapitel über das Lebensskript ausführlich beschreiben. Zunächst wollen wir jedoch noch auf ein weiteres Erklärungsmuster eingehen, das sich später ebenfalls sehr gut mit den Erkenntnissen aus der Transaktionsanalyse verbinden lässt.

3. Kapitel

Das Alarm-System

Was geschieht, wenn ein Mensch einen mit Absolutheitsanspruch versehenen Befehl verinnerlicht hat? Er wird sich mit allen Mitteln davor schützen wollen, diesen Befehl zu übertreten. Das erreicht er am besten mit einem Alarmsystem, das ihn warnt, wenn der Befehl verletzt zu werden droht.

Auch das einfachere Modell des »Alarmsystems«, das wir im Folgenden darstellen, erklärt noch nicht, was psychologisch hinter der Ausbildung von Imperativen steckt. Es macht jedoch auf eingängige Weise deutlich, weshalb die inneren Imperative uns solchen Stress verursachen. Dieses Modell geht zurück auf Raimund Frenster. Es besagt, dass sich in der Amygdala nach unangenehmen oder gar traumatischen Ereignissen ein Warnsystem entwickelt hat, das uns warnt, wann immer es uns in Gefahr sieht, wieder in eine solche unangenehme Situation zu kommen. Das Warnsystem ist verknüpft mit dem inneren Imperativ: »Etwas *muss auf jeden Fall* so oder so sein« beziehungsweise: »Etwas *darf auf gar keinen Fall* passieren, sonst droht die Situation sehr unangenehm zu werden.« Das ist selbstverständlich kein bewusster Vorgang, sondern spielt sich im Bruchteil einer Sekunde ab – das Anspringen des Imperativs geschieht automatisiert.

Der Alarmmechanismus, von dem hier die Rede ist, hat seinen Sitz im limbischen System. Es gehört zu den ganz früh entwickelten Gehirnbereichen und sorgt dafür, dass unsere Überlebensmechanismen funktionieren. Aus diesem Grund besitzt es eine äußerst schnelle Reaktionsfähigkeit. Reaktionen aus dem limbischen System finden um ein Vielfaches rascher statt als Reaktionen aus unserem Bewusstsein, das im entwicklungsgeschichtlich viel später entstandenen Großhirn angesiedelt ist.

Die Fähigkeit des limbischen Systems, so schnell zu reagieren, hat unser Überleben gesichert – der Urmensch, der sich einem Säbelzahntiger oder einer giftigen Schlange gegenüber sah, hatte keine Zeit, diese Situation verstandesmäßig zu analysieren und danach eine Entscheidung zu treffen, er musste blitzartig entweder rennen oder angreifen, um sein Leben zu retten. Um das zu können, brauchte er die Stresshormone, die durch den Alarm im limbischen System augenblicklich ausgeschüttet wurden. Die nun zur Verfügung stehenden Hormone Adrenalin und Kortisol befähigten ihn, alle Kräfte seines Körpers zu mobilisieren. Und so, wie der Urmensch gelernt hat, dass Körperkontakte mit Schlangen extrem gefährlich sind, so, wie sein Alarmsystem schon anspringt, wenn er eine schlangenähnliche Form wahrnimmt, und nicht darauf wartet, bis er analysiert hat, ob das vielleicht doch nur ein Strick ist, so lernt bereits das Kind, dass bestimmte Situationen derart unangenehm sind, dass es alles daran setzen muss, damit es nicht zu einer Wiederholung dieser Erfahrung kommt. Wenn eine solche Situation sich auch nur von Ferne ankündigt, beginnt deshalb der Alarm zu schrillen, mit allen damit verbundenen körperlichen Reaktionen: Adrenalin- und Kortisol-Ausschüttung, Aufregung, Herzklopfen, Fluchtbereitschaft.

Für einen Menschen, der in einer Gegend lebt, in der gefährliche Giftschlangen vorkommen, ist es natürlich hilfreich, dass es einen inneren Mechanismus gibt, der blitzartig auf die Wahrnehmung einer geschlängelten Form reagiert: Er springt erst einmal beiseite, um nicht gebissen zu werden, und untersucht dann, ob ihn vielleicht nur ein entsprechend geformter Ast erschreckt hat. Aber so unverzichtbar das Alarmsystem in der Amygdala für das physische Überleben ist, so problematisch ist es für das »psychologische Überleben«. Es steht uns nämlich oft genug im Weg.

Dass es solche Alarme in der Amygdala tatsächlich gibt, konnte durch die neuen bildgebenden Verfahren in der Hirnforschung gezeigt werden. Diese Alarmmechanismen bilden sich aufgrund lebensgeschichtlicher Erfahrungen aus. Welche psychologischen Momente dabei eine Rolle spielen, erläutert die Transaktionsanalyse. So verbinden sich Transaktionsanalyse und Hirnforschung zu einer Erklärung, wie es kommt, dass sich durch die Erfahrungen, die man in der Kindheit macht, Glaubenssätze etablieren, die sich später zu einem sogenannten Lebensskript verdichten, einem »Drehbuch«, das dem Menschen vorgibt, wie er sein Leben zu leben hat.

Betrachten wir noch einmal Oliver Friedrich aus obigem Beispiel, der so überangepasst auf seinen Hauptkunden reagierte, dass er sich alles gefallen ließ. Da er regelmäßig klein beigab, können wir davon ausgehen, dass es bei ihm einen Alarm gab, der ihn warnte: »Du darfst auf keinen Fall jemanden vor den Kopf stoßen, sonst wird man dich ablehnen und du verlierst den Auftrag!« Es klingt ja auch zunächst so, als sei der Alarm recht hilfreich, denn er braucht schließlich Umsatz. Letzten Endes hat der Alarm und das durch ihn ausgelöste Verhaltensmuster jedoch dazu geführt, dass die Situation für den jungen Mann immer unbefriedigender und belastender wurde.

Ein solches Programm, das jemandem verbietet, selbstbewusst aufzutreten und eigene Grenzen zu ziehen, wurde vermutlich schon sehr früh gelernt. Immer wenn das Kind sich durchsetzen oder abgrenzen wollte, hat es wahrscheinlich sehr negative Erfahrungen gemacht, so oft und so lange, bis der entsprechende Imperativ mit dem dazugehörigen Alarm installiert war. Da der Alarm so ungeheuer schnell ist und man darauf reagiert, noch bevor man überhaupt dazu kommt, darüber nachzudenken, hat man praktisch keine Chance, sich in einer Situation, die den Imperativ auslöst, so zu verhalten, wie man es sich vorgenommen hat, als man nicht unter dem Einfluss des Alarms stand und rein rational das eigene und das Verhalten der anderen beurteilen konnte.

Deshalb blieb bei Oliver jeder gute Vorsatz »Diesmal trete ich anders auf! Das lasse ich mir nicht länger bieten!« wirkungslos. Kaum zeigte sich der Ansatz einer steilen Falte auf der Stirn seines Kunden, ging schon der Alarm los, er geriet augenblicklich in Stress und war nicht mehr imstande, selbstbewusst Paroli zu bieten. Stattdessen wurde ganz automatisiert sein angepasstes Verhalten in Gang gesetzt, mit dem Ziel, genau das zu vermeiden, was er sich eigentlich vorgenommen hatte.

Dieser Mechanismus macht es so schwer, Imperativen mit therapeutischen Mitteln den Garaus zu machen. Jemand, der sich verändern möchte, kann sehr viel Einsicht in sein Problem entwickeln – er erkennt, wie das Problem entstanden ist, er sieht die Zusammenhänge mit anderen Lebenssituationen und er lernt vielleicht auch Techniken, wie er besser mit dem Alarm zurechtkommen kann – aber wenn der Imperativ mitsamt dem Alarm nicht gelöscht wird, wird er doch immer wieder auf die gleiche Art reagieren, ganz gleichgültig, wie viele Gedanken er sich darüber gemacht hat und wie tief sein Verständnis geworden ist. Allein auf der kognitiven Ebene ist den Alarmen nicht beizukommen.

An diesem Punkt setzt die Introvision an. Introvision ist die beste uns bekannte Methode, um solche Alarme gezielt aufzulösen. Es gibt zwar auch die Möglichkeit, Alarme zu löschen, indem man sich ihnen bewusst immer wieder aussetzt, so lange, bis sie ihre Wirksamkeit verloren haben. Ein berühmtes Beispiel für diese Vorgehensweise ist Johann Wolfgang von Goethe, der seine Höhenangst dadurch besiegte, dass er sich immer wieder auf den Turm des Straßburger Münsters begab und sich so lange zwang, in die beängstigende Tiefe zu schauen, bis er seine Angst überwunden hatte. Das ist zwar sehr heroisch und mutig, im Alltagsleben und mit den Imperativen, mit denen man es am häufigsten zu tun hat, aber wenig praktikabel. Oder wer kann schon oft genug ein zweihundert Personen umfassendes Publikum zusammentrommeln, vor dem er dann mit knallroter Birne, stotternd, stammelnd und mit schweißnassen Händen so lange und immer wieder steht, bis der Imperativ »Ich darf mich nicht blamieren« gelöscht ist? Oder wer kann es sich leisten, beruflich so lange zu scheitern, bis er die Angst davor verloren hat?

In der Verhaltenstherapie wird mit der Konfrontationstherapie versucht, angstauslösende Situationen zu bewältigen, und das ist in manchen Fällen sicher erfolgreich, funktioniert aber eben nicht mit allen Imperativen, weil sich nicht alle Konfrontationen willkürlich herstellen lassen.

Die Introvision hingegen lässt sich immer und überall durchführen. Mit Hilfe dieser Technik kann man mit einfachen Mitteln Alarme auslösen und dadurch in der Folge die einschränkenden Imperative löschen. Wie die Introvision das macht, werden wir im entsprechenden Kapitel genau darlegen.

Alarme sorgen für den Verlust unserer Gelassenheit

Wenn der Alarm zu schrillen beginnt, werden im Körper sofort Stresshormone ausgeschüttet. Sie befähigen den Menschen, augenblicklich entweder kampfbereit oder fluchtfähig zu sein. Adrenalin macht uns wach und gibt uns Kraft, Kortisol unterdrückt die Schmerzempfindlichkeit. Dieser Cocktail aus Stresshormonen macht in lebensbedrohlichen Situationen durchaus Sinn. Das unangenehme Kribbeln im Bauch, der erhöhte Blutdruck und die Anspannung, die auf der Körperebene damit einhergehen, sind für uns heutige Menschen jedoch in erster Linie ein Signal für Angst und Stress. Angst und Stress, die dadurch ausgelöst werden, dass einer der Imperative, also die Forderung »Etwas *muss* passieren« oder

»Etwas *darf auf gar keinen Fall* passieren«, bedroht wird. Wer viele innere Imperative entwickelt hat, erlebt deshalb vermutlich auch viel Stress, denn dann ist die Chance groß, dass er im Alltag häufig Situationen erlebt, die seinen inneren Alarm in Gang setzen.

Durch die Alarmreaktion mit all ihren Begleiterscheinungen geht selbstredend die innere Gelassenheit verloren, mit der Folge, dass man nervös und gereizt wird, dass sich die Wahrnehmung verengt, dass man nicht mehr in der Lage ist, in schwierigen Situationen allen wesentlichen Aspekten Rechnung zu tragen, gelegentlich sogar einen gewissen Realitätsverlust erleidet.

Wie sich das im Alltagsleben auswirken kann, wollen wir mit einem Beispiel illustrieren. Wenn jemand, ohne darin geübt zu sein, vor großem Publikum einen Vortrag halten muss, kann man davon ausgehen, dass ihm das Stress verursacht. Das geht wohl bei den meisten von uns mit großer Aufregung einher. Die exponierte Stellung, in der man sich plötzlich befindet, macht Angst. Und bei vielen Menschen wird dann noch der Imperativ hinzukommen: »In einer solchen Situation darf ich mich nicht blamieren. Ich darf auf keinen Fall versagen!« Denn die Vorstellung, die damit verknüpft ist – mit hochrotem Kopf vorne zu stehen und nur noch zu stammeln, weil man den roten Faden verloren hat, die irritierten oder missbilligenden Blicke der Zuhörer zu sehen und schließlich gar nicht mehr weiter zu wissen, wird als peinlich und beschämend empfunden. Das heißt, der Imperativ »Ich darf nicht versagen!« ist mit einer hohen Dringlichkeit verbunden, weshalb der Alarm ganz besonders laut schrillt, sprich besonders viel Stress erzeugt.

Jedoch springt der Alarm nicht erst dann an, wenn man sich in der gefährlichen Situation befindet, sondern bereits dann, wenn man an den Vortrag denkt. In der Hirnforschung wurde nachgewiesen, dass der Amygdala wenige Prozent an Übereinstimmung mit der gefürchteten Situation genügen, um zu reagieren und Stresshormone bereitzustellen. Das heißt, allein die Vorstellung, der Gedanke an den Vortrag, genügt, um die Amygdala davon zu »überzeugen«, dass hier Gefahr droht, und Stresshormone auszuschütten.

Wie sich ein Alarm verselbständigt und schließlich immer früher einsetzt, zeigt das Beispiel einer Klientin, die als Bankangestellte in sage und schreibe sieben Banküberfälle verwickelt war und dadurch berufsunfähig wurde. Ihre Erlebnisse bewirkten zunächst, dass sie nicht mehr in der Lage war, eine Bank zu betreten, weil das bei ihr Angstzustände mit Herzrasen auslöste. Einige Zeit später war die nächste Stufe, dass der Anblick eines Geldtransporters auf der Straße ihr Panik verursachte und zum Schluss genügte es, wenn ihr ein kräftiger junger Mann am helllichten Tag auf der Straße entgegenkam und sie drückte sich am ganzen Körper zitternd und schweißüberströmt in den nächsten Hauseingang. Eine ähnliche Generalisierung der Alarmreaktion lässt sich bei vielen starken Imperativen beobachten.

Kommen wir noch einmal zu dem Beispiel zurück, dass man einen Vortrag halten muss, der einem schwer im Magen liegt. Auch da kann Folgendes passieren: Der Alarm setzt nicht erst ein, wenn man sich auf den Weg zum Vortragspult macht, sondern bereits dann, wenn man sich gedanklich mit dem Vortrag beschäftigt und fürchtet, man könne versagen. Das kann im schlimmsten Fall so weit gehen, dass man den Vortrag noch nicht einmal konzipieren oder niederschreiben kann, weil man bereits zu diesem Zeitpunkt schon von Panik ergriffen wird.

4. Kapitel

Der innere Konflikt

Aus all dem, was wir bisher gesagt haben, dürfte klargeworden sein: Imperative schränken die persönliche Freiheit ein! Denn selbst wenn man dem Imperativ radikal aus dem Weg geht, indem man zum Beispiel glattweg ablehnt, den Vortrag überhaupt zu halten, befindet man sich in der misslichen Situation, das nicht aus freien Stücken getan zu haben, sondern weil man Angst vor Versagen hat – und aus diesem Grund womöglich berufliche Nachteile erleidet, seine Karriere behindert und sein Selbstwertgefühl und Selbstvertrauen erschüttert.

Ein Imperativ ist immer verbunden mit erhöhter Anspannung und Stress. Wirklich problematisch wird der Imperativ jedoch dadurch, dass es eine zweite Stimme gibt, die sagt: »Aber genau das, was nicht passieren darf, könnte jetzt gerade geschehen!« oder »Genau das, was unbedingt passieren muss, wird nicht stattfinden!« Daraus erfolgt ein *innerer Konflikt*, denn es gibt den inneren Imperativ, der verlangt: »Es darf auf gar keinen Fall passieren, dass ich bei dem Vortrag scheitere!«, während eine zweite Stimme sagt: »Es ist aber durchaus möglich, dass genau das geschieht!« Dieser innere Konflikt schafft letzten Endes das Problem.

Wenn entweder die Situation oder der eigene Wille verlangt, dass der Vortrag gehalten werden muss, und es gleichzeitig sowohl den Imperativ »Ich darf bei diesem Vortrag nicht versagen!« als auch den Gedanken »Es könnte durchaus passieren, dass ich versage« gibt, gerät der Mensch in einen Imperativ-Verletzungskonflikt, der ihm die Ruhe raubt, denn er steuert damit in eine Richtung, in die er auf gar keinen Fall will. Solche inneren Konflikte lasen sich in vier Gruppen einteilen:

- Realitätskonflikt
- Imperativ-Konflikt
- Undurchführbarkeits-Konflikt
- Konflikt-Konflikt

Der Realitätskonflikt: Wenn man die Wirklichkeit anders sehen möchte, als sie ist

Von einem Realitätskonflikt sprechen wir, wenn die Realität geleugnet wird, weil sie völlig anders ist, als sie den eigenen Erwartungen gemäß sein sollte. Das war zum Beispiel der Fall bei einem Vater, der sich nicht damit auseinandersetzen wollte, dass sein pubertierender Sohn sich schon längst auf der schiefen Bahn befand, als der Vater sich noch immer einredete, es sei alles in bester Ordnung und der Junge erlebe nur gerade eine schwierige Phase, die er bald überwunden haben würde. Obwohl alle Anzeichen deutlich darauf hinwiesen, dass der Junge in kriminelle Machenschaften verstrickt war, war der Imperativ des Vaters »Es darf einfach nicht sein, dass ich ein kriminelles Kind großgezogen habe!« so stark, dass er immer wieder alles ausblendete, was ihm hätte beweisen müssen, dass sein Sohn Autos aufbrach und stahl. Wenn er sich eingestanden hätte, dass sein Sohn tatsächlich ein Dieb geworden war, wäre er so sehr in Konflikt mit seinem Imperativ gekommen, dass er nicht gewusst hätte, wie er damit umgehen soll – also leugnete er die Realität lieber ab.

Er geriet aber natürlich trotzdem jedes Mal in großen Stress, wenn er darauf angesprochen wurde, dass sein Sohn in eine sehr schlechte Gesellschaft hineingerutscht war. Er beschimpfte die Wohlmeinenden dann lieber als Spießer oder bezichtigte sie, dass sie übertreiben würden und kein Verständnis für junge Leute hätten. Schließlich verbat er sich, dass man seinen Sohn »denunziere«, und da die meisten Leute keine Lust hatten, mit ihm aneinanderzugeraten, gaben sie ihre Bemühungen, ihm die Augen zu öffnen, eben auf.

Ein weiteres Beispiel für einen Realitäts-Konflikt schildert der Fall einer Managerin, die als Alleinverdienerin die Verantwortung für immer mehr und zeitintensivere Aufgaben übernahm, weil sie sich in den Kopf gesetzt hatte, genügend Geld für ein schönes großes Haus für ihre Familie beschaffen zu müssen. Die logische Folge war, dass sie immer weniger Zeit für ihre Kinder und ihren Mann hatte. Ihr Mann hätte lieber mehr von ihrer Zeit als einen höheren Verdienst gehabt, doch sie war der felsenfesten Überzeugung, dass dieses Haus nun sein müsse. Ihr Imperativ sagte ihr: »Ich muss alles für die Familie geben!« und das machte sie an einem schönen Haus fest. Eines Tages hatte der Ehemann genug von dieser »Misere«, wie er sagte, und trennte sich von seiner Frau.

Für die Managerin brach die Welt zusammen und womit sie ganz und gar nicht fertig wurde, war der Gedanke, dass sie diese Trennung selbst mit verschuldet hatte. Dass sie durch ihr eigenes Verhalten selbst mit dazu beigetragen hatte, dass ihr Mann gegangen war, dass sie daran mitgearbeitet hatte, ihre Familie zu zerstören, stürzte sie in eine tiefe Depression. Der Gedanke daran belastete sie so sehr, dass sie nicht in der Lage war, sich damit zu konfrontieren. Wenn in Gesprächen mit Freunden die Rede darauf kam, dass sie durch ihr besessenes Arbeiten ihren Teil am Scheitern der Beziehung beigesteuert hatte, geriet sie in extremen Stress. Es durfte einfach nicht sein, dass das so war – sie war schließlich diejenige, der das Wohl der Familie am wichtigsten war. Sie war die Retterin der Familie – eine andere Realität konnte sie nicht akzeptieren. Deshalb brach sie sofort in Tränen aus, wenn irgendjemand ihre Mitverantwortung auch nur andeutete. Sie machte ein solches Drama, dass ihr Umfeld schließlich lieber darauf verzichtete, mit ihr überhaupt darüber zu sprechen, man wollte sie nicht noch zusätzlich »runterziehen«.

Der Imperativ-Konflikt: Wenn man das eine tun und das andere nicht lassen möchte

Um einen Imperativ-Konflikt handelt es sich, wenn zwei Imperative miteinander in Konflikt liegen, die sich gegenseitig so blockieren, dass man keinerlei Handlungsmöglichkeit mehr hat. So erging es einem Studenten, der sich vor einer entscheidenden Prüfung in eine fast verzweifelte Situation brachte. Er hatte schon während der Schulzeit den Imperativ aufgebaut: »Um wirklich lernen zu können, muss ich genügend äußeren Druck haben! Ich konnte mich noch nie zum Lernen motivieren ohne Druck!« Daneben hatte er jedoch einen zweiten Imperativ entwickelt, der hieß: »Damit ich mir Dinge gut merken kann, muss ich entspannt sein! Sonst kann ich mich nicht konzentrieren!« Als der Druck vor dieser für ihn entscheidenden Prüfung allerdings so groß war wie nie zuvor, brachte er sich total in Panik: Er hing zwischen diesen beiden einander entgegengesetzten Imperativen fest wie in einer Falle.

Einen ähnlichen Konflikt erlebte ein Geschäftsführer, der von Seiten seines Aufsichtsrates unter dem hohen Druck stand, dass die Zahlen der Firma sich in eine bestimmte Richtung zu entwickeln hatten. Das taten sie jedoch nicht und er sah sich von oben gezwungen, die Zahlen etwas zu beschönigen. Das brachte ihn jedoch gewaltig in die Bredouille mit seinem Imperativ »Ich muss immer zu hundert Prozent korrekt sein!« Er fühlte sich in einer ausweglosen Lage, seine Gedanken kreisten ständig um dieses Problem, er konnte nachts nicht mehr richtig schlafen und wusste sich überhaupt keinen Rat mehr, wie er diese Situation bewältigen sollte.

Ein anderer Coaching-Klient befand sich in einem Zwiespalt, als es darum ging, dass in dem Unternehmen, für das er arbeitete, eine attraktive Stelle neu zu besetzen war. Er glaubte, diese Stelle haben zu müssen, weil es einen Imperativ bei ihm gab, der verlangte: »Du musst diese Stelle kriegen, sonst bist du ein Verlierer!« Um sich für diese Stelle gut zu positionieren, hätte er nun aber auch an den richtigen Stellen ordentlich Werbung für sich machen müssen. Da kam ihm jedoch ein zweiter Imperativ in die Quere, der lautete: »Du darfst dich nicht in den Vordergrund drängen, das macht man nicht!«

Was er also auch unternähme, würde ihn in Widerstreit mit einem Imperativ bringen. Dachte er darüber nach, wie er seine Vorzüge zur Geltung bringen könnte, geriet er in Stress – dachte er darüber nach, dass er die Stelle niemals bekommen würde, wenn er es nicht täte, geriet er ebenfalls in Stress. Wie sollte er sich aus diesem Dilemma befreien? Es schien keine Lösung zu geben.

Der Undurchführbarkeits-Konflikt: Wenn gemacht werden soll, was nicht geht

Ein Undurchführbarkeits-Konflikt ist dadurch gekennzeichnet, dass es den Imperativ gibt, der vorschreibt, dass irgendetwas auf eine ganz bestimmte Art sein muss, der Betroffene jedoch nicht die geringste Ahnung hat, wie das zu bewerkstelligen ist. So setzte sich etwa ein Verkäufer unter einen enormen Erfolgszwang. Er wollte seine Verkaufszahlen mit aller Gewalt steigern und war besessen von dem Gedanken: »Ich muss meine Zahlen nach oben bringen!« Nun hatte er allerdings schon alles Menschenmögliche dafür unternommen, ohne dass sich an den Zahlen etwas geändert hätte – der Markt gab im Moment einfach nicht mehr Verkaufsabschlüsse her. Er wusste also auch: »Ich habe keinerlei Idee, wie ich meine Zahlen steigern kann. So, wie die geschäftliche Lage im Moment ist, ist es einfach nicht zu schaffen, noch mehr Verkäufe zu tätigen!« Er fand kaum noch Schlaf, weil er sich selbst im Bett noch das Gehirn zermarterte, was er noch tun könnte, denn der Imperativ »Ich muss meine Zahlen nach oben bringen!« ließ ihm einfach keine Ruhe, obwohl ihm eigentlich klar war, dass es nichts mehr gab, was er noch dafür tun konnte.

Der Konflikt-Konflikt: Wenn Konflikte gar nicht sein dürfen

Unter einem Konflikt-Konflikt leiden Menschen, wenn sie davon überzeugt sind, dass sie genau den Konflikt, den sie gerade erleben, eigentlich gar nicht haben dürften. So kam zum Beispiel eine erfahrene Führungskraft nur mit sehr viel anfänglichem Widerstreben ins Coaching, weil sie der Ansicht war, dass sie das Problem, mit dem sie kämpfte, eigentlich gar nicht mehr haben dürfte. Sie hatte eine schwierige Führungssituation zu bewältigen, kam damit aber nicht zurande und erschwerte sich die Lage noch dadurch, dass sie sich selbst vorwarf: »Eigentlich dürfte einer Führungskraft mit meiner Erfahrung und meinem Wissen so etwas überhaupt gar nicht passieren! Ein solches Problem, in meinem Alter, mit meinem Hintergrund – das darf überhaupt nicht sein!« Deshalb sträubte sie sich lange gegen das Coaching, das ihr von Seiten der Personalabteilung empfohlen worden war, weil sie die Angst hatte: »Wie sieht das denn aus, wenn ich als gestandene Bezirksleiterin mit einer solchen Situation nicht klarkomme! Dann nimmt mich doch kein Mensch mehr ernst.«

Sie verbaute sich also zunächst einmal selbst den Weg zur Lösung, weil sie nicht nur den ursprünglichen Konflikt nicht auflösen konnte, sondern noch zusätzlich damit kämpfte, dass sie überhaupt einen solchen Konflikt hatte. Überhaupt Hilfe anzunehmen, war eine schier unüberwindbare Hürde für sie.

Konflikt-Konflikte treten auch, und häufiger als man denkt, bei darstellenden Künstlern auf, die mit zunehmender Bühnenerfahrung ihr Lampenfieber nicht verlieren, sondern immer heftiger darunter leiden. Statt durch die zunehmende Routine immer gelassener zu werden, steigert sich ihre Anspannung von Jahr zu Jahr. So erging es auch einem Schauspieler, der vor jeder neuen Premiere noch heftigere Anfälle von Lampenfieber hatte als vor der letzten. Zusätzlich beschimpfte er sich selbst dafür, dass er nicht schaffte »was jeder andere kann«, denn mit seiner Erfahrung hätte sich das Lampenfieber schließlich längst auf das ganz normale Maß, wie es die anderen auch erlebten, reduziert haben müssen. Und weil er so sehr mit sich im Konflikt lag, dass er diesen Konflikt überhaupt hatte, konnte er auch nichts dagegen unternehmen – dann hätte er ja etwas zugeben müssen, was in seinen Augen gar nicht sein durfte.

5. Kapitel

Konflikt-Vermeidungs-Strategien

Der innere Konflikt stellt für das Gehirn eine ziemliche Belastung dar – schließlich will es Probleme lösen und nicht hin und her gerissen werden zwischen zwei gleichermaßen unangenehmen Polen. Mit dieser belastenden Situation versucht unser Gehirn für gewöhnlich fertig zu werden, indem es sogenannte »Konflikt-Vermeidungs-Strategien« entwickelt, um uns trotz des Imperativ-Verletzungskonfliktes wieder handlungsfähig zu machen.

»Positives Denken«

Die wahrscheinlich häufigste Strategie, die wir Menschen anwenden, wenn uns etwas belastet, ist zu versuchen, sich zu beruhigen. Darunter fällt alles, was man grob gefasst unter der Rubrik »Positives Denken« zusammenfassen könnte. In unserem Beispiel mit dem Vortrag würde der Betroffene wahrscheinlich erst einmal versuchen, sich mit folgenden Botschaften zu beruhigen: »Es wird schon nicht so schlimm werden./Die Menschen sind für gewöhnlich ja wohlwollend./Ich kann doch gut reden./Ich habe schon früher gute Vorträge gehalten, da ging es doch auch./Ich bin gut vorbereitet und kenne mich mit dem Thema aus … « und so weiter.

Viele Menschen halten den Versuch, sich mittels aufbauender (und oftmals sicher richtiger) Botschaften selbst zu beruhigen, für eine gute, vielleicht sogar notwendige Konflikt-Bewältigungs-Strategie. In der Introvision jedoch gilt dieses Verhalten als eine *Konflikt-Umgehungs-Strategie*. Denn beim Versuch, sich zu beruhigen, werden die ängstlichen Anteile nur kurzfristig zum Schweigen gebracht, man übertönt sie einfach eine Weile mit etwas, an das man selbst nicht so recht glaubt. Daher wird der Konflikt immer nur kurzfristig verschwinden, er wird aber nicht dauerhaft aufgelöst.

Wenn man den Alarm spürt, weil man an den Vortrag denkt, will man ihn stoppen, um die Aufregung in den Griff zu bekommen. Deshalb sagt man sich all diese positiven Dinge, was jedoch im besten Fall für diesen Moment wirkt. Der eigentliche Mechanismus des Alarms ist davon nicht betroffen, weshalb er von Neuem loslegt, wenn man am Tag darauf wieder an den Vortrag denkt, und zwar mit mindestens der gleichen Stärke und Intensität. Ein starker Alarm kann durch kein noch so positives Denken ausgehebelt werden. Denn die Amygdala im Hirnstamm, die schließlich für unser Überleben zuständig ist, reagiert um ein Vielfaches schneller als unser Großhirn, in dem das bewusste Denken stattfindet. Der Alarm wird das Rennen also immer gewinnen. Solange der Alarm installiert ist, ist nachträgliches »Übertönen« mit positiven Stimmen keine dauerhafte Lösung.

Ablenkung

Man kann aber auch versuchen, sich abzulenken: Man surft im Internet, man spielt ein kompliziertes Spiel, das die ganze Aufmerksamkeit fordert, man geht ins Kino, man trifft sich mit Freunden – am besten sucht man sich etwas, von dem man so in Anspruch genommen wird, dass man gar nicht gleichzeitig auch noch an den Vortrag denken kann. Das löst das Problem natürlich genauso wenig wie die positiven Botschaften, sondern führt nur zu einer kurzfristigen Erleichterung – sobald man an den Vortrag denkt und damit an die Möglichkeit, dass der innere Imperativ »Ich darf nicht scheitern!« verletzt werden könnte, setzt der Alarm von Neuem ein.

Jammern

Auch das Jammern ist eine beliebte Konflikt-Vermeidungs-Strategie. Man jammert sich selbst und anderen etwas darüber vor, wie ungerecht es ist, dass ausgerechnet man selbst immer die schwierigsten Sachen machen muss. Oder man ergeht sich in Selbstmitleid: »Warum habe ich den Auftrag für diesen Vortrag aber auch angenommen! Es könnte mir so gut gehen, ich könnte so einen schönen Abend haben, stattdessen muss ich mich so quälen! Hätte ich das doch niemals gemacht! Warum war ich nur so blöd?« Durch das Jammern erhält die Aufregung vorübergehend eine andere Richtung und macht sie damit erträglicher – lösen lässt sich das Problem damit aber auch nicht.

Analysieren

Genauso wenig hilfreich ist etwas, das mit »selbstangewandter Psychoanalyse« vielleicht am treffendsten umschrieben wird. Auch das Analysieren stellt nämlich eine Konfliktvermeidung dar. Man grübelt darüber nach: »Dass ich jetzt so aufgeregt bin, hängt nur damit zusammen, dass ich von meinem Vater nie die Anerkennung bekommen habe, die ich verdient gehabt hätte, und weil ich ihm immer noch beweisen will, was für ein toller Hecht ich bin, nimmt mich das Ganze so mit!« Oder: »Meine Aufregung kommt daher, dass mich dieser Lehrer in der dritten Klasse so fertiggemacht hat, und jetzt fürchte ich eine neue Demütigung … « So versucht man, eine schlüssige Erklärung für die Aufregung zu bekommen, damit sie sich dadurch hoffentlich in Luft auflöst. Das, was einem als tiefere Ursache für die Aufregung einfällt, mag zwar alles richtig sein, löst aber das Problem nicht und ist im Grunde genommen nichts anderes, als eine spezielle Art der Ablenkung. Die Gedanken gehen weg vom Vortrag und beschäftigen sich mit der Vergangenheit. Das lindert zwar zunächst den Stress, aber wenn man das nächste Mal an den Vortrag denkt, ist die Aufregung wieder die Gleiche. Denn selbst wenn man den Mechanismus versteht, wie der Alarm vielleicht ursprünglich zustande gekommen ist, hat man ihn damit noch längst nicht gelöscht – er springt immer noch an.

Vermeiden

Eine andere Möglichkeit, dem Konflikt aus dem Weg zu gehen, ist, die Situation ganz und gar zu vermeiden, indem man sich zum Beispiel am betreffenden Tag krank meldet. Damit hat man sich zwar für diese spezielle Situation wirkungsvoll von der Aufregung befreit, gelöst ist das Problem damit aber natürlich auch nicht. Die einzige Möglichkeit, das Problem zu lösen, ist, sich ihm zu stellen und damit den Alarm zu löschen, und zwar ein für alle Mal.

Allein auf der kognitiven Ebene lässt sich gegen den Alarm nichts ausrichten

Wie wir weiter vorne dargestellt haben, reagiert die Amygdala, weil sie für unser Überleben zuständig ist, deutlich schneller, als es unserem Bewusstsein möglich ist. Das heißt, bis unser Bewusstsein eine Situation begutachten, bewerten und daraufhin sagen kann: »Kein Grund zur Aufregung – alles im grünen Bereich!«, hat die Amygdala längst ihren Alarm losgehen lassen, mit allen damit verbundenen körperlichen Reaktionen. Die Stresshormone sind freigesetzt, die Anspannung, die Aufregung, das Kribbeln im Bauch, das ist alles schneller da, als wir bewusst denken können. Und damit wird auch verständlich, weshalb man mit rein kognitiven Verfahren recht wenig gegen Imperative ausrichten kann. Zumal es in den meisten Fällen so ist, dass unser Bewusstsein erst auf das Ergebnis des Alarms – die Ausschüttung der Stresshormone – reagiert und nicht auf den Alarm selbst, den bekommen wir nämlich bewusst gar nicht mit.

Dass das Alarmsystem so schnell und effizient wirkt, erklärt auch, weshalb Techniken wie das »Positive Denken« und alle damit vergleichbaren Versuche, sich selbst ein eingefleischtes unerwünschtes Verhalten abzugewöhnen, für gewöhnlich von so wenig Erfolg gekrönt sind: Es kommt einfach immer zu spät! Der Alarm ist längst in voller Stärke da, bevor ein bewusster, willentlicher Gedanke auch nur ansatzweise in Stellung gebracht wird, um die negativen Gedanken zu überschreiben. Denn so leicht lässt sich der Alarm nicht löschen. Wenn ein Alarm erst einmal installiert wurde, gibt die Amygdala ihn nicht ohne guten Grund wieder auf. Nur auf der kognitiven Ebene, also auf der Ebene unseres bewussten Denkens, haben wir nicht viele Chancen gegen ein Programm, das sich aus Sicht der Amygdala seit Jahrtausenden bewährt hat.

Dazu kommt das ebenfalls schon thematisierte Phänomen, dass Alarme die Tendenz haben, immer früher loszugehen, wie wir das am Beispiel der Bankangestellten mit den erlittenen sieben Banküberfällen geschildert haben, die zunächst nur keine Bank mehr betreten konnte, zu guter Letzt aber bereits durch den Anblick eines kräftigen jungen Mannes in Panik versetzt wurde. Da jeder Alarm, der ausgelöst wird, mit sehr unangenehmen Begleiterscheinungen verbunden ist, versucht unser Gehirn, etwas dagegen zu unternehmen. Das menschliche Gehirn, wir haben es schon öfter gesagt, ist ein Organ zur Problemlösung. Das ist seine Aufgabe, dafür bringt es die erforderliche Ausstattung mit. Es will Probleme beseitigen. Im Falle der Imperative ist jedoch gerade dieser unbedingte Wille, das Problem zu beseitigen, das größte Problem! Das Gehirn, das registriert, dass etwas nicht in Ordnung ist, unternimmt etwas, um die Ordnung wiederherzustellen. Bei ihren Forschungen, wie Menschen zu mehr Gelassenheit finden können, hat Professor Wagner festgestellt, dass jedes Eingreifen das Problem, den inneren Konflikt, der entsteht, jedoch *verfestigt*, statt zu einer Lösung zu führen.

Wie aber dann? Wie lässt sich der Alarm löschen? Denn bevor er nicht gelöscht ist, lässt sich zwar etwa durch Psychotherapie oder Arbeit an sich selbst einiges lindern oder handhabbarer machen, aber das grundlegende Problem wird nicht gelöst. Wie kann es gelingen, den Alarm leerlaufen zu lassen – ohne von außen einzugreifen? Um das darzustellen, müssen wir wieder etwas weiter ausholen, um verständlich zu machen, warum Introvision funktioniert.

Um zu verstehen, was sich in unserem Gehirn abspielt, ist es hilfreich, sich an einem Beispiel zu veranschaulichen, wie Alarme, und zwar alle Alarme, funktionieren. Stellen Sie sich vor, Sie hätten gerade vor wenigen Tagen bei sich zu Hause einen Zimmerbrand erlebt. Nun sind Sie auf der Straße unterwegs und befinden sich bereits in der Nähe Ihrer Wohnung. Wenn Sie in diesem Moment die Sirene eines Feuerwehrwagens hören, werden Sie wahrscheinlich augenblicklich große Aufregung verspüren. Ihr innerer Alarm, durch das vorangegangene Erlebnis hochsensibel, wird sofort ausgelöst. Auch wenn es in Ihrem Stadtviertel bereits zu einer Serie von Bränden durch Brandstiftung gekommen ist, wird jede Feuerwehr Sie sofort alarmieren. Ist der Brandstifter schließlich gefasst und die Brände hören auf, werden Feuerwehrsirenen Sie zwar immer noch alarmieren, aber Sie werden nicht mehr in Windeseile nach Hause rasen, um zu überprüfen, ob es Sie erwischt hat.

Irgendeine gegebene Zeit danach, beim einen früher, beim anderen später, wird jedoch, wenn bis dahin alles ruhig geblieben ist, die Feuerwehrsirene gar keine Alarmreaktion mehr bei Ihnen auslösen: Der Alarm ist gelöscht. Und zwar ohne dass Sie versucht haben, die Feuerwehrsirenen zum Verstummen zu bringen. Genau das ist es jedoch, was unser Gehirn beim introferenten Eingreifen macht: Es versucht, die Feuerwehrsirenen auszuschalten, statt sie auszuhalten und der Amygdala damit die Möglichkeit zu geben, sich zu überzeugen, dass der Alarm nicht mehr relevant ist.

Ganz konkret bedeutet das, der Alarm kann gelöscht werden, wenn man sich ihm aussetzt und einfach nur beobachtend zur Kenntnis nimmt, was er in einem selbst alles auslöst, mit allen unangenehmen und beängstigenden Begleiterscheinungen. Es kommt nur darauf an, sich dem Alarm auszusetzen, ohne zu versuchen einzugreifen und ohne das innere Geschehen negativ zu bewerten. Die innere Haltung, die diese Art der Beobachtung ermöglicht, nennt sich *nicht-wertende Achtsamkeit.*

6. Kapitel

Die nicht-wertende Achtsamkeit

Achtsamkeit ist ein Begriff, der in jüngerer Zeit ziemlich in Mode gekommen ist. Er wird in den Medien häufig zitiert, doch nicht immer ist wirklich eindeutig und klar, was damit gemeint ist. Manchmal wird unter Achtsamkeit lediglich eine besondere Art der Konzentration verstanden oder einfach nur eine etwas erhöhte Aufmerksamkeit.

Das Konzept der Achtsamkeit stammt ursprünglich aus dem Buddhismus und ist über zweitausend Jahre alt. Es bedeutet, mit dem »Hier und Jetzt« – noch so ein Begriffspaar, das seit einigen Jahren in aller Munde ist – dergestalt verbunden zu sein, dass man wahrnimmt und bewusst erlebt, was ist, und zwar ohne es zu bewerten. Man bevorzugt nichts und man lehnt nichts ab. Das klingt recht einfach, ist es aber nicht. Schon allein, mit dem »Hier und Jetzt« verbunden zu sein, fällt uns westlichen Menschen schwer genug. Nichts zu bevorzugen und nichts abzulehnen, klingt fast unmöglich.

Geht man über die Straße und sieht sich die Menschen an, denen man begegnet, kann man leicht feststellen, dass sehr viele von ihnen ganz offensichtlich nicht im »Hier und Jetzt« sind, sondern ihren Gedanken nachhängen, innere Dialoge führen, sich mit Problemen beschäftigen, in Vergangenheit oder Zukunft weilen, aber ganz bestimmt nicht in der Gegenwart. Das lässt sich am Blick erkennen, am Gesichtsausdruck, aber auch am jähen Aufschrecken, wenn die Gegenwart doch ihre Aufmerksamkeit erzwingt. Wer schon versucht hat, sich darin zu üben, in Gedanken nicht abzuschweifen, hat sicherlich die Erfahrung gemacht, wie schwierig das ist.

Dann auch noch das Bewerten bleiben zu lassen, erfordert eine gewaltige Menge an Selbstdisziplin. Schließlich sind wir von Kindesbeinen an daran gewöhnt, etwas zu wollen, weil wir es angenehm finden, und anderes abzulehnen, weil es uns unangenehm ist. Wir bewerten uns selbst, andere Menschen und jede Situation, die wir erleben. Daran sind wir so gewöhnt, dass es uns als die »natürliche« Vorgehensweise erscheint, mit der Realität umzugehen. Das Bewerten bleiben zu lassen, stellt eine echte Herausforderung dar, weil wir eigentlich ständig mit Bewerten beschäftigt sind.

Hat man erst einmal eine gewisse Achtsamkeit entwickelt und nimmt deshalb bewusst wahr, welche Gedanken einem ständig durch den Kopf gehen, ist man zunächst einmal überrascht davon, welch ein rasendes Karussell sich da dreht. Aus diesem Grund haben buddhistische Lehrer davon gesprochen, dass der Verstand wie ein Zookäfig sei, in dem eine Affenhorde permanent durcheinander tobt. Unser Verstand produziert ständig Gedanken und wenn man sich darin trainiert hat, sie bewusster wahrzunehmen, ist die nächste Überraschung, wie viele davon mit Bewertungen beschäftigt sind.

Achtsamkeit beginnt also erst einmal damit, die eigenen Gedanken bewusst wahrzunehmen, das heißt, sie zu beobachten, ohne sich in den Gedanken-Strudel hineinziehen zu lassen. Man nimmt wahr, bleibt aber außerhalb des Strudels, lässt sich nicht fortreißen, identifiziert sich nicht mit den Gedanken.

Die Technik der Achtsamkeit hat in Europa und Amerika einen großen Aufschwung genommen durch die Arbeit und die Veröffentlichungen von Jon Kabat-Zinn. Er hat die Mindfulness Based Stress Reduction entwickelt, kurz MBSR genannt, das hier inzwischen sehr bekannt geworden ist und mittlerweile auch von etlichen Firmen genutzt wird, die es ihren Mitarbeitern als Antistress-Training anbieten. Jon Kabat-Zinn hat als Mikro-Biologe an einer amerikanischen Universität eine Stress-Klinik aufgebaut. In dieser Klinik wurden die häufig schwerkranken Patienten darin unterstützt, mit dem Stress umzugehen, den ihnen die Krankheit und die damit verbundenen Schmerzen bereiten. Die Grundlage für die Behandlung der Patienten war, ihnen Techniken der Achtsamkeit beizubringen. Wer sich für die Arbeiten von Jon Kabat-Zinn interessiert, findet etliches an Literatur, zum Beispiel »Achtsamkeit für Anfänger«, erschienen 2013 bei Arbor, »Gesund durch Meditation: Das große Buch der Selbstheilung mit MBSR«, erschienen 2013 als Knaur Taschenbuch, oder »Stressbewältigung durch die Technik der Achtsamkeit«, erschienen 1999 bei Arbor, um nur einige zu nennen.

Meditation lässt Alarme leerlaufen

Wenn man in der Meditation alles, was an Gedanken und Gefühlen hervorkommt, einfach nur beobachtend wahrnimmt, ohne es zu bewerten, ohne etwas verändern zu wollen, so beginnt man damit, auch jene Teile zu akzeptieren, die man an sich selbst nicht mag. Man lässt solche Teile bei sich zu, was ermöglicht, dass ein Prozess in Gang kommt, der damit endet, dass diese Teile sich beruhigen. In Worten der Introvision ausgedrückt: Der Alarm wird aufgelöst und die beunruhigenden Gedanken und Gefühle lösen sich in Luft auf. Erst durch das vorhergehende, immerwährende Bemühen des Verstandes in Form von Konflikt-Vermeidungs-Strategien – das Wegatmen, Unterdrücken oder sonstige Techniken, um sich die unliebsamen Gedanken vom Hals zu schaffen – wurde der Alarm jedes Mal aufs Neue verfestigt. Denn die Amygdala konnte dabei ja niemals die Erfahrung machen, dass nichts Schlimmes passiert, wenn die Gedanken jenes ursprüngliche Gebiet streiften, das einmal Gefahr bedeutet hatte, weil ein sehr unangenehmes Erlebnis damit verbunden war. Aber durch das achtsame Wahrnehmen, das Zulassen, das Aushalten und Akzeptieren aller Gedanken und Empfindungen, kann der Alarm leerlaufen und sich schließlich auflösen.

Die Introvision macht im Grunde nichts anderes mit den Alarmen. Man setzt sich ihnen rein beobachtend aus, ohne sich von ihnen fortreißen zu lassen, aber auch ohne sie verändern zu wollen. Der große Unterschied zwischen Introvision und MBSR besteht darin, dass in der Meditation der Prozess des Auflösens der Alarme eher zufällig geschieht. In der Introvision hingegen wird dieser Prozess ganz gezielt in Gang gesetzt. Der Ausübende entscheidet sich, woran er arbeiten möchte, und dann wird mit Hilfe der Imperative, die vorher identifiziert wurden, der entsprechende Alarm ausgelöst. Dessen mentale und körperliche Auswirkungen werden dann so lange achtsam, ohne zu werten, beobachtet, bis Alarm und Imperativ gelöscht sind. Wenn man also den Wunsch hat, an einem bestimmten Problem zu arbeiten, eine bestimmte Entwicklung in Gang zu setzen, ist Introvision zielführender, als wenn man in der Meditation darauf warten muss, dass irgendwann das richtige Thema von alleine an die Oberfläche kommt.

In der Arbeit mit Klienten verwenden wir häufig das Bild eines fürsorglichen inneren Elternteils, der mit den eigenen inneren Anteilen liebevoll umgeht, um deutlich zu machen, dass das, was sie in der Introvision erleben, eigentlich nichts »Negatives« ist. Auch wenn es manchmal zunächst schmerzhaft und unangenehm ist, geht es eigentlich darum, diesen Teilen endlich Raum zu geben, jenen Raum, den sie bislang im Leben der Klienten niemals bekommen haben. Denn normalerweise versuchen wir Menschen, solche uns nicht genehmen Teile zu kontrollieren, zu beherrschen oder zu negieren. Das Abspalten dieser Teile hilft jedoch nicht. Das Einzige, das hilft, ist, auch solche Teile gänzlich zu integrieren und sich ihrer anzunehmen. Erst dieses Annehmen gibt innere Freiheit, innere Ruhe und damit Gelassenheit.

Die Erkenntnis, wie wichtig es ist, gut mit sich selbst umzugehen, ist nicht neu. Schon unzähligen Klienten wurde in Therapien geraten »besser mit sich selbst umzugehen«. Dabei stellt sich vor allen Dingen denjenigen, die gewohnheitsmäßig schlecht mit sich umgehen, die Frage, was das denn konkret heißen soll: »gut mit sich umgehen«. Heißt es, weniger zu arbeiten, weniger oder mehr Schokolade zu essen, zweimal die

Woche Sauna zu machen, sich ein neues Kleid zu kaufen, regelmäßig zu joggen oder was? Wir denken, die beste Art mit sich selbst umzugehen, besteht darin, die eigenen Seiten, die normalerweise keinen Raum erhalten, zu akzeptieren. Diese Art des Umgangs mit sich selbst ist deshalb die beste, weil sie beim Erwachsenen zu einem Gefühl führt, das auch jedes Kind sich wünscht und braucht, nämlich getragen und aufgehoben zu sein bei den Eltern. Wer sich als Kind von den Eltern bedingungslos angenommen fühlte, fühlte sich geborgen und sicher. Jeder kennt das Bild des »Inneren Getragen-Seins«, des »In-Sich-Ruhens«, das manche Menschen auch ausstrahlen. In sich ruhen kann man aber nur, wenn man keine Angst und keine Ablehnung eigenen Anteilen gegenüber verspürt.

Wer diese Attribute der inneren Ruhe, der Selbstakzeptanz nicht besitzt, sucht meistens außen danach, in äußeren Erfolgen, im Partner, in finanzieller Sicherheit, in Reichtum, in Kindern. Doch man wird immer wieder feststellen, dass man so nicht bekommt, um was es eigentlich geht. Wenn man sich selbst nicht annehmen kann, wenn die Selbstakzeptanz daran scheitert, dass man manche Teile von sich nicht mag oder nicht wahrhaben will, wirken diese Teile im Untergrund zumindest latent bedrohlich – und so können sich weder innere Ruhe noch Gelassenheit einstellen.

Wenn man während des Heranwachsens negative Erfahrungen macht, wie sie im Kapitel über die Bildung des Skripts beschrieben werden, hat man als Kind wenig Möglichkeiten, damit umzugehen. Man ist zu abhängig von den Eltern oder anderen Erwachsenen und kann sich deshalb negativen Botschaften nicht oder kaum entziehen. Das eigene Urteilsvermögen ist noch zu wenig ausgeprägt, als dass ein Kind sich innerlich immun machen könnte gegen schädliches Verhalten von anderen, vor allem, wenn es die eigenen Eltern sind. Als Erwachsene hätten wir diese Möglichkeiten, doch dann sind wir schon so im Griff unserer installierten Glaubenssätze und Alarme, dass wir den abgespaltenen Teilen weiterhin keinen

Raum geben. Wir setzen unbewusst fort, was in der Kindheit begonnen wurde, und ärgern uns vielleicht auch noch darüber, dass wir immer noch mit Problemen kämpfen, die wir doch schon längst überwunden haben müssten. Doch so wenig es einem Kind hilft, wenn man es barsch anfährt »Jetzt hau ab und stell dich nicht so an!«, so wenig hilft es dem Erwachsenen, wenn er mit seinen ungeliebten Persönlichkeitsanteilen so umgeht. Das Kind kann sich beruhigen, wenn man auf es eingeht und ihm zuhört, und genau diesen Raum braucht auch der Erwachsene.

Der Umgang mit Impulsen

Wenn man die Achtsamkeit trainiert, kommt man mehr und mehr dahinter, wie häufig man in einem Modus funktioniert, der dem Autopilot-System in einem Flugzeug gleicht. Es gibt einen äußeren Reiz oder einen inneren Impuls, und dem wird ganz automatisiert gefolgt. Man wird zum Beispiel verbal angegriffen und ganz automatisch nimmt man eine Verteidigungshaltung ein. Man könnte sich ja auch die Vorwürfe erst einmal ruhig anhören und darüber nachdenken. Das machen jedoch die wenigsten, für gewöhnlich reagiert man augenblicklich, ohne wirklich nachzudenken. Man fühlt sich angegriffen und hat sofort den Impuls, sich zu verteidigen. Wenn es gelingt, zwischen Impuls und Reaktion einen Moment der Achtsamkeit einzuschieben, kann man sie allmählich entkoppeln.

Bei der Introvision geht es genau darum, eine automatisierte Reaktion – den automatisch erfolgenden Alarm – vom Ereignis abzukoppeln, sodass die ebenfalls automatisierten körperlichen Reaktionen aufhören können. Reiz und Reaktion voneinander zu trennen, lässt sich mit ganz einfachen Dingen üben, zum Beispiel beim meditativen Sitzen, indem man darauf achtet, ob es einen Impuls gibt, etwas zu verändern. Wenn es uns an der Nase kitzelt, haben wir für gewöhnlich den sofortigen Impuls, an die Nase zu fassen, um das Kitzeln zu stoppen.

Im Sinne der Achtsamkeit ist es aber sinnvoll, diesen Impuls erst einmal genau wahrzunehmen, ihm nachzuspüren, sich in ihn hineinzufühlen, sich nicht gegen ihn zu wehren, sondern mit ihm mitzugehen, ohne ihm sofort nachzugeben. Erst, wenn diese Achtsamkeit hergestellt ist, entscheidet man, ob man dem Impuls gemäß handeln will oder nicht.

Wir möchten betonen, dass es nicht darum geht, sich zum unerschütterlichen Stoiker zu entwickeln, sondern nur darum, einen Moment der Achtsamkeit zwischen Impuls und Reaktion zu bekommen. Das hilft zum Beispiel, wenn man sich das Rauchen abgewöhnen will, aber auch, um gelassener mit verbalen Angriffen oder unerfreulichen Situationen umzugehen. Das Entkoppeln von Impuls und Reaktion schafft Freiheit. Zum Beispiel konnte sich ein Klient damit von seiner übermäßigen Geräuschempfindlichkeit befreien. Dieser Klient war so stark irritierbar von Geräuschen, dass etwa ein plötzlicher lauter Knall auf der Straße ihn eine Stunde lang in Aufregung versetzte. Er ärgerte sich permanent über alle möglichen Geräusche im Haus oder draußen, weil jedes bisschen Lärm seine volle Aufmerksamkeit absorbierte. Da es offenbar automatisiert war, dass er seine Aufmerksamkeit so extrem auf die Geräusche in seiner Umgebung richtete, erhielt er im Coaching die Empfehlung, eine Hörmeditation zu machen und das auch gleich auszuprobieren. Unsere Räume liegen an einer viel befahrenen Kreuzung. Der Klient sollte sich auf den Verkehrslärm konzentrieren und zunächst versuchen, einzelne Fahrzeuge, deren Geräusche durch das geöffnete Fenster in den Raum drangen, herauszuhören. Als zweiten Schritt sollte er versuchen, den Verkehrslärm wie einen großen Klangteppich wahrzunehmen, in dem die einzelnen Geräusche sich zu einem einzigen Muster verbinden. In diesen Klangteppich sollte er sich einfühlen, seinen Rhythmus wahrnehmen, das Zusammenspiel der verschiedenen Töne auf sich wirken lassen, also ganz bewusst zuhören, aber dabei auch gleichzeitig immer seine Atmung wahrnehmen. Diese Hörmeditation brachte ihm die verblüffende Erfahrung, dass er den Verkehrslärm plötzlich nicht mehr als störend empfand, sondern der Klangteppich ihm sogar ein angenehmes Hörerlebnis bereitete.

Ähnliche Erfahrungen haben auch Klienten mit Tinnitus schon gemacht. Das unangenehme Pfeifen, Klingeln oder Brummen im Ohr wird von vielen Betroffenen als so furchtbar empfunden, dass es sie fast verrückt macht. Weil sie das Ohrgeräusch so schlimm finden, wehren sie sich mit aller Macht dagegen und wollen nur eines: Es soll verschwinden. Dadurch verwenden sie viel Energie auf das Sich-Wehren und fokussieren ihre gesamte Aufmerksamkeit auf den Tinnitus. Statt zu verschwinden, wird das Geräusch immer störender. Nimmt man es hingegen an, lässt sich einmal ohne Abwehr darauf ein, spürt ihm nach, versucht, in sein Zentrum zu kommen, lässt sich davon begleiten, macht man die erstaunliche Erfahrung, dass man viel besser damit umgehen kann. (Siehe dazu auch »Introvision als Coachingmethode für Tinnitusbetroffene – Eine empirische Studie von Nicole Pereira Guedes, erschienen bei Springer, Heidelberg.)

Etliche Klienten haben bemerkt, dass sie das Geräusch häufig gar nicht mehr wahrnehmen oder dass es keinen störenden Charakter mehr hat, wenn sie es doch wieder hören. Auch hier wurden Impuls und Reaktion entkoppelt. Es gibt störende Geräusche, seien sie innen oder außen, und der erste Impuls ist: Sofort dagegen gehen! Man ärgert sich und fokussiert auf das, was einen stört. Wenn dieser Mechanismus unterbrochen wird, weil man den Impuls Impuls sein lässt, löscht sich die vorgezeichnete Reaktion im Gehirn und man kann auf einmal ganz anders mit der Störung umgehen.

7. Kapitel

Die Achtsamkeit herstellen

Jemand, der mit Introvision arbeiten will, muss lernen, was die richtige innere Haltung der Achtsamkeit ist, mit der er Introvision übt. Denn nur wenn die Haltung der Achtsamkeit stimmt, kann die Verarbeitung der Imperative stattfinden. Wie wir ausgeführt haben, unterscheidet sich Achtsamkeit grundlegend von dem, was meist passiert, wenn Menschen sich gedanklich mit einem Problem beschäftigen. Das sieht üblicherweise nämlich so aus: Man denkt über eine schwierige Aufgabe nach und der Gedanke taucht auf: »Es könnte sein, dass ich das nicht schaffe!« Schon spürt man, dass dieser Gedanke Gefühle, Körperreaktionen und weitere Gedanken auslöst. Man lässt sich davon »faszinieren«, das heißt, statt das alles wertfrei zu beobachten, verliert man sich in diesem unangenehmen Gemisch. Und weil es so unangenehm ist, will man es weghaben. Was tut man, wenn man ein Problem loswerden will? Man lenkt sich ab, man zwingt sich, an etwas anderes zu denken, oder man versucht zu analysieren, wo es herkommt. Dazu stellt man sich etwa folgende Fragen: »Weshalb macht mir das so zu schaffen? Warum habe ich gerade vor dieser Aufgabe Angst? Was ist an dieser Aufgabe anders als an anderen, die ich doch erfolgreich gelöst habe? Wieso ist mir gerade diese Situation so unangenehm? Was hat das mit meiner Lebensgeschichte zu tun?«

Man beginnt also intensiv »nachzudenken« – und meistens mündet dieses Nachdenken in Gedankenschleifen, die sich zu einem richtiggehenden Gedankenkreisen steigern können. Immer wieder gehen nur noch die gleichen Dinge durch den Kopf, bis das Problem immer größer statt kleiner wird. Das Ursprungsproblem, die schwierige Aufgabe, die die innere

Unruhe auslöste, führt zur Befürchtung, dass man womöglich scheitern könnte, was die Angst und die Selbstzweifel erhöht, weil man sich plötzlich mehr und mehr in Frage stellt. Man generalisiert, und aus der Frage »Warum scheue ich vor dieser Aufgabe zurück?« wird in mehr oder weniger rascher Folge »Wie gut bin ich überhaupt in meiner Arbeit?« bis zu »Was stimmt eigentlich nicht mit mir, dass ich immerzu solche Probleme habe?«

Was wir gerade skizziert haben, bildet den Prozess des »Grübelns«, wie ihn die meisten Menschen wahrscheinlich kennen, ziemlich genau ab. Man will etwas herausfinden, um sich von unangenehmen Gefühlen zu befreien, und reitet sich stattdessen immer tiefer hinein. Wenn diese Art des »Nachdenkens« überhaupt ein positives Ergebnis zeitigt, kommt es im besten Fall zu einer kurzen Phase der Beruhigung. Denkt man jedoch das nächste Mal an das Problem, erlebt man wieder die gleichen Reaktionen wie vorher.

Beim Nachdenken geschieht es außerdem häufig, dass wir unversehens in den »Autopilot-Modus« geraten, den wir bereits beschrieben haben. Das geschieht besonders leicht, wenn man sich an ein Ereignis erinnert, das ein intensives Gefühl ausgelöst hat. Man identifiziert sich mit diesem Gefühl und lässt sich davon mitnehmen. Man hat sich zum Beispiel im Laufe des Tages über einen Kollegen geärgert. Abends erinnert man sich daran und sofort steigt der Ärger, der eigentlich über die letzten Stunden hinweg vergangen war, »automatisch« wieder hoch. Dieser Ärger führt dazu, dass man sich weitere Gedanken darüber macht, welch ein Idiot dieser Kollege ist, was er noch alles auf dem Kerbholz hat und was man ihm eigentlich schon längst alles einmal hätte sagen müssen. Dadurch aktiviert man den Ärger immer mehr – ohne dass einem bewusst wird, was man da eigentlich gerade mit sich macht.

Was ist das andere in der Achtsamkeit?

Die Achtsamkeit als eine Form der konstatierenden, weiten Aufmerksamkeit, wird in der Meditationsliteratur auch häufig als »offenes Gewahrsein« bezeichnet. Das heißt, im Zustand dieses Gewahrseins bekommt man den Ärger zwar mit, aber man identifiziert sich nicht damit. Es gibt auf der einen Seite den Ärger, auf der anderen Seite den Beobachter.

Diese offene Geisteshaltung wird in der Introvision dazu genutzt, den Alarm leerlaufen zu lassen, der durch den Imperativ der bedrohenden Gedanken ausgelöst wird. In der achtsamen Beobachtung des dem Imperativ entgegengesetzten Gedankens bleibt man in dieser offenen, weiten Wahrnehmung aller inneren Reaktionen, ohne sie zu bewerten, ohne sich von ihnen forttragen zu lassen, ohne das Bewusstsein darüber, dass man beobachtet, zu verlieren. Wer den »Beobachter« in sich nicht mehr erkennt, der ist nicht mehr in der Achtsamkeit.

Die Achtsamkeit besitzt also die Doppelnatur, sowohl aktiv als auch passiv zu sein. Aktiv ist sie, indem sie bewusst den Fokus auf den von ihr gewählten Gedanken herstellt und ihn darauf hält. Passiv ist sie, indem sie einfach geschehen lässt. Alles, was an Reaktionen kommt, wird wertfrei wahrgenommen, ohne etwas abzulehnen, ohne etwas zu bevorzugen, ohne etwas ändern zu wollen.

Das ist schwierig. Denn unser Verstand ist dafür geschaffen, Probleme »zu lösen«. Der Verstand will analysieren, das macht er seit frühester Kindheit so, daran ist er gewöhnt. Also wird er immerzu versuchen, in die weite Wahrnehmung hineinzupfuschen. Nur bringt das keinen Schritt weiter – denn es ist eine Ausweichstrategie des Gehirns, um sich all dem Unangenehmen, das sich da im Innern abspielt, zu entziehen.

Wenn man mit Introvision arbeiten will, braucht man die Bereitschaft, alles zuzulassen an Gedanken, Erinnerungen, Bildern, Gefühlen, Körperreaktionen, die einfach kommen und wieder gehen können. Da das so einfach klingt, wollen wir es noch einmal wiederholen: Diesen Zustand der wertfreien Wahrnehmung aufrechtzuerhalten, ist nicht leicht! Wer bereits Meditationserfahrung hat, weiß das, denn er hat die Erfahrung vermutlich zigfach gemacht – man braucht sich noch nicht einmal mit einem Problem herumzuschlagen, um ganz schnell von seinen Gedanken fortgetragen zu werden. Statt zum Beispiel beim Beobachten des Atems zu bleiben, sucht sich das Gehirn einen neuen Fokus: »Was war eigentlich gestern im Büro los?«, »Soll ich mir einen neuen Computer kaufen?«, »Wohin wollen wir dieses Jahr in Urlaub fahren?«, »Ich muss unbedingt meine Steuererklärung noch machen!« Einem solchen angebotenen Fokus nicht zu folgen, erfordert schon im »Normalzustand« sehr viel Entschlossenheit und Wachsamkeit, noch viel mehr aber, wenn man sich in einer emotional belastenden Situation befindet.

Achtsam zu bleiben und die Gedanken und Gefühle nicht die Regie übernehmen zu lassen, ist jedoch das A und O für das Gelingen der Arbeit. Bei Gefühlen ist das sogar noch schwieriger als bei Gedanken, denn ein starkes Gefühl zieht einen durch die Intensität der Erfahrung einfach mit. Doch man kann lernen, ein Gefühl nicht unterdrücken zu wollen, ihm aber auch nicht einfach zu folgen, sondern in der Wahrnehmung zu bleiben.

Das Paradoxe an Introvision ist, dass eine Veränderung erreicht wird, gerade dadurch, dass man nichts mehr verändern will. Alle Veränderungswünsche aufgeben, beobachten, was kommt, alles wertfrei anschauen – das führt zu jener inneren Verarbeitung und »Nachentwicklung«, durch die sich die Dinge verändern können. Der Achtsamkeitsmodus, den wir in der Introvision brauchen, bedeutet, dass man den inneren Alarm erzeugt und ihn ablaufen lässt, ihn mit allen Sinnen spürt, also auch körperlich wahrnimmt, ohne sich von ihm mitreißen zu lassen.

Wir wollen noch auf folgende Unterscheidung aufmerksam machen: Beim achtsamen Wahrnehmen von Gefühlen handelt es sich nicht um das, was im psychologischen Fachjargon als »dissoziierter Zustand« beschrieben wird, wie er beispielsweise in der Trance vorkommt. Wer sich mit Neuro-Linguistischem Programmieren (NLP) beschäftigt hat oder Kenntnisse über Hypnotherapeutische Methoden besitzt, glaubt sofort zu verstehen, was wir mit der »richtigen Haltung der Achtsamkeit« versucht haben zu beschreiben und denkt: »Aha, es handelt sich dabei also um einen dissoziierten Zustand.«

»Dissoziation« und »Assoziation« sind Begriffe, die beschreiben, wie jemand in seiner Vorstellung eine Situation erleben kann. Man kann sich eine bestimmte Situation innerlich sehr plastisch so vorstellen, als befinde man sich mitten in der Szene. Man ist in der Vorstellung so dabei, wie es in der Realität auch wäre, das heißt, man sieht weder sein eigenes Gesicht, noch zum Beispiel das, was sich hinter einem abspielt. Diese Art der inneren Vorstellung nennt die Hypnotherapie »assoziiert«, denn man ist mit dem Geschehen direkt verbunden.

Es kann jedoch vorkommen, dass diese Art der inneren Vorstellung als zu belastend erlebt wird. Dann greifen Therapeuten auf die Methode der »Dissoziation« zurück. Dabei wird ebenfalls ein plastisches Vorstellungsbild erzeugt, der Betroffene ist jedoch nicht Teil der Szene, sondern er wird vom Therapeuten angewiesen, sie von außen zu beobachten, beispielsweise so, als würde er einer Video-Aufnahme der Szene zusehen. Man ist dadurch getrennt vom eigentlichen Geschehen. Der Sinn der Dissoziation besteht genau darin, die belastenden Gefühle nicht mehr wahrzunehmen, sodass sie einen auch nicht überwältigen können. Solche Dissoziationen können auch spontan passieren, wenn Menschen eine sehr traumatische Erfahrung durchleiden und sich innerlich vom Geschehen abkoppeln.

Dissoziation ist deshalb etwas vollkommen anderes als der

Zustand, den wir für die Achtsamkeit, wie wir sie für die Introvision brauchen, herstellen wollen. Wir halten diesen vielmehr für einen Zustand, der sich genau zwischen »dissoziiert« und »assoziiert« befindet. Man nimmt die Gefühle sehr deutlich wahr, man erlebt auch alle Körperreaktionen, ohne den Kontakt zu ihnen zu verlieren, wie es bei der Dissoziation der Fall wäre. Man ist aber trotzdem noch in der Lage, das Geschehen zu beobachten. Das heißt, man ist nicht so stark mit dem, was passiert, assoziiert, als dass es das ganze Sein ausfüllen würde, denn es gibt noch einen unabhängigen Teil, der die Gefühle beobachten kann. Entscheidend ist für die Introvision jedoch auf jeden Fall, dass man alle Gefühle wahrnimmt. Deshalb funktioniert Introvision zum Beispiel nicht, wenn jemand gerade mit Psychopharmaka behandelt wird. Psychopharmaka kappen den Alarm, und dann passiert genau das, was bei einer inneren Dissoziation der Fall ist – ohne die Gefühle zu durchleben, kann das Gehirn jedoch nicht die Erfahrung machen, dass die Alarme leerlaufen können.

Wenn der Zustand der Achtsamkeit nicht hergestellt werden kann, kann die Introvision nicht erfolgreich sein, denn dann fällt man einfach in Muster zurück, die unzählige Male eingeübt wurden – grübeln, analysieren, in Panik verfallen, sich ablenken etc. – ohne je das Problem zu lösen. Wenn jemand in der Introvision dissoziativ reagiert, wirkt das wie ein Ausweich- oder Konfliktvermeidungsverhalten. Einen solchen Fall brachte ein Coach in die Supervision ein: Er hatte mit Introvision am Problem einer Klientin arbeiten wollen, die starke Alarmreaktionen zeigte, als sie vor der eigentlichen Introvision über ihren Imperativ sprach. Doch sobald sie das Sitzen in achtsamer Haltung startete, war der Alarm wie weggeblasen. Auf Nachfragen des Coaches stellte sich heraus, dass die Klientin in früheren Zeiten trainiert hatte, in ihrem Inneren einen »sicheren Ort« zu bilden, den sie aufsuchte, wenn ihr irgendetwas zu nahe kam oder sie belastete. Gewohnheitsmäßig hatte sie sich sofort in diesen inneren Bunker zurückgezogen, als sie sich mit dem den Imperativ bedrohenden Satz konfrontierte. Damit hatte sie sich gegen alle Gefühle, alle Reaktionen abgeschottet. Deshalb gab es auch keinen Alarm mehr, den sie spüren konnte und deshalb funktionierte auch die Introvision nicht. Um von der Introvision zu profitieren, musste die Klientin zunächst einmal lernen, ihren inneren Rückzugsort nicht zu betreten und alle körperlichen, mentalen und emotionalen Reaktionen zuzulassen, auch die unangenehmen Gefühle, vor denen sie sich bislang ganz wirksam geschützt hatte.

8. Kapitel

Übungen zur weiten Wahrnehmung

Bei der weiten Wahrnehmung geht es nicht darum, auf etwas Spezielles zu fokussieren, sondern darum, alles wahrzunehmen, was auftaucht. Um den Unterschied deutlich zu machen, kann man zum Beispiel ans Fenster treten und auf eine verkehrsreiche Kreuzung schauen oder sich eine solche Kreuzung vorstellen. Man erkennt dann leicht den Unterschied, ob man sich einen einzelnen Verkehrsteilnehmer herauspickt und ihn mit Blicken verfolgt oder ob man einfach den gesamten Verkehr beobachtet, ohne sich für etwas Einzelnes zu interessieren. Die normale Alltagswahrnehmung ist für gewöhnlich die auf etwas Bestimmtes fokussierte. Diese wollen wir in der Introvision jedoch nicht, sondern die weite Wahrnehmung, die den ganzen Verkehr beinhaltet – nur dass sich in der Introvision die Wahrnehmung nach innen richtet. Statt Fußgänger, Fahrräder und Autos beobachten wir in der Introvision Gefühle, Gedanken, Erinnerungen, innere Bilder oder körperliche Reaktionen – ohne auf eines davon den Fokus zu richten.

Im Coaching lassen wir den Klienten noch mit einer anderen Übung erfahren, was mit weit gestellter Wahrnehmung gemeint ist. Der Coach setzt sich dem Klienten nah gegenüber und macht ihm zunächst vor, was er meint. Er erklärt: »Ich betrachte Sie jetzt mit weit gestellter Wahrnehmung und sehe dabei Ihr Gesicht, gleichzeitig aber auch meine eigenen Hände, die ich zwischen und neben Ihrem und meinem Gesicht hin und her bewege!« Dann fordert der Coach den Klienten auf, das Gleiche zu machen, also den Coach mit weit gestellter Wahrnehmung anzusehen und gleichzeitig seine Hände etwa auf Augenhöhe so weit zu bewegen, bis sie bis an die Grenzen des Gesichtsfeldes kommen.

Dazu erklärt der Coach, dass die Hände die auftauchenden Gedanken, Erinnerungen, Gefühle und Körperreaktionen repräsentieren, die wahrgenommen werden, aber ohne dass der Fokus scharf darauf eingestellt wird, also ohne einer Hand mit den Augen zu folgen. So erlebt der Klient, wie es ist, wenn er seine weit gestellte Aufmerksamkeit auf etwas – in diesem Fall das Gesicht des Coaches – gerichtet hat, aber gleichzeitig peripher auch anderes – seine eigenen Hände – wahrnimmt. Meist fällt den Klienten dabei auf, dass die Wahrnehmung dadurch nicht mehr so scharf ist, wie wenn man ganz fokussiert schaut. Das entspricht auch den inneren Vorgängen, denn wenn man auf ein Gefühl fokussiert, verstärkt man es in aller Regel – es tritt schärfer hervor. Fokussiert man hingegen auf die Atmung, ist die Wahrnehmung der Gefühle nicht mehr so intensiv.

Eine weitere Übung, um die weit gestellte Wahrnehmung zu verdeutlichen, kann man mit einem kleinen Ball machen. Man lässt den Klienten den Ball in einem leichten Bogen von einer Hand in die andere werfen und weist ihn an, einmal auf den Ball zu fokussieren und das nächste Mal den Fokus eher auf den Coach zu richten. Dabei soll der Klient weiterhin den Ball von einer Hand in die andere werfen und ihn so durch den Wahrnehmungsraum wandern lassen.

Um diejenigen, die mit Introvision arbeiten wollen, vertraut zu machen mit dem, was dabei in ihrem Inneren passiert, ist es hilfreich, ihnen Bilder anzubieten. Wir erklären zum Beispiel gern, dass das, was in ihrem Inneren passiert, vergleichbar ist mit einem Stein, der Wellen verursacht, wenn er ins Wasser geworfen wird. Sie sollen diese Wellen, die zunächst stark sind, dann aber immer mehr verebben, einfach nur beobachten. Laut Feedback vieler Klienten hat ihnen dieses Bild geholfen, weil sie ihre inneren Reaktionen tatsächlich wie Wellen erlebt haben und dann auch gespürt haben, wie diese Wellen immer schwächer wurden.

Ein zweites Bild, das wir gern verwenden, ist das des Bewusstseins-Raumes. Der Coach erklärt dem Klienten, er solle sich sein Bewusstsein wie ein Zimmer vorstellen, in dem er sitzt und sein Augenmerk auf die Tür gerichtet hat. Er sieht, wer alles durch diese Tür hereinkommt, aber er verfolgt nicht, was jeder Einzelne im Zimmer macht, sondern er schaut einfach weiter auf die Tür und wartet ab, wer noch hereinkommt. Er nimmt zwar peripher wahr, wohin die einzelnen »Besucher« gehen, zum Schreibtisch, zum Bücherregal, zum Sofa, aber er verfolgt niemanden mit seinem Blick. Das ist genau die Haltung, mit der er seine inneren Reaktionen wahrnehmen soll, er soll einen weit gestellten Wahrnehmungsraum erschaffen.

Wenn jemand sehr starke innere Alarme hat, benutzen wir gern das Bild des heftigen Gewittersturms, den der Klient vom sicheren Fenster aus beobachtet. Man kann dieses Bild vor, aber auch während der Introvision benutzen. So, wie er bei einem Gewittersturm beobachtet, wie die Blitze dramatisch über den Himmel zucken, der Donner krachend einschlägt, die Bäume sich biegen und der Regen peitscht, so toben die Gefühle des Klienten, doch er bleibt in der Beobachtung und kann dann eben auch wahrnehmen, wie das Gewitter schwächer wird, die Blitze sich entfernen, der Donner leiser wird und schließlich die Sonne wieder scheint. Solche Bilder helfen den Übenden, sich ihren Emotionen nicht hilflos ausgeliefert zu fühlen, sondern eine gewisse Distanz zu ihnen wahren zu können.

Für »ruhigere« Arbeiten mit Introvision benutzen wir gern das Bild der italienischen Piazza, auf der man sitzt und das ganze vielfältige Leben und Treiben um sich her wahrnimmt, ohne sich für jemanden im Besonderen zu interessieren. Man sieht Leute kommen und gehen, man hört alle möglichen Geräusche, aber man lauscht nicht auf ein spezielles Gespräch. Vielleicht bekommt man auch mit, dass gestritten wird, aber man kommt nicht auf die Idee, einzugreifen.

Wenn der Klient verstanden hat, was genau es mit der achtsamen Haltung auf sich hat, sollte er einige Male üben, sich in diesen Zustand zu versetzen, um sich später mit seinem Imperativ auseinandersetzen zu können, ohne durch den Alarm, der in seinem Inneren ausgelöst wird, zu einem introferenten Eingreifen verleitet zu werden. In der Introvision ist das Ziel, den Alarm beobachtend zu durchleben, ohne dass eine automatisierte Reaktion erfolgt. Der »Autopilot« soll ausgeschaltet werden. Dadurch wird der Impuls, beziehungsweise der Alarm, entkoppelt von der Reaktion, die üblicherweise eintritt. In der Introvision findet so etwas Ähnliches statt wie eine »kontrollierte Explosion«, wie sie Entschärfungsspezialisten durchführen. Unter geschützten Bedingungen wird eine Bombe gezündet, doch man hat vorher dafür gesorgt, dass sie keinen Schaden anrichten kann.

So schützt der »Raum der Achtsamkeit«, der zunächst installiert wurde, den Übenden davor, zu Schaden zu kommen, und in diesem Raum der Achtsamkeit lässt er geschehen, was der Alarm in ihm auslöst. Es kostet unter Umständen einige Überwindung, diesen Zustand auszuhalten, schließlich sind wir alle quasi darauf programmiert, auf Alarme sofort mit Vermeidung zu reagieren, und unternehmen alles Mögliche, um sie sofort zu beenden. Doch nur durch das Aushalten und Beobachten können sie leerlaufen und sich auflösen. Die Erfahrung zeigt auch, dass der Alarm erstaunlich schnell schwächer wird, wenn man erst einmal begonnen hat, alle Reaktionen zuzulassen und beobachtend wahrzunehmen.

9. Kapitel

Die einzelnen Phasen der Introvision

Der Ablauf einer Arbeit mit Introvision gliedert sich in folgende Phasen:

- Der Klient lernt zunächst, was mit der Haltung nichtwertender, beobachtender Achtsamkeit gemeint ist.
- Er übt, diese Haltung einzunehmen.
- Er schildert sein Problem, was ihm Stress bereitet oder worin er sich blockiert fühlt.
- Wir finden heraus, was er vermeiden will.
- Wir ermitteln, in welchem inneren Konflikt er sich befindet.
- Wir identifizieren den Imperativ.
- Wir definieren den imperativbedrohenden Satz, der den inneren Alarm auslöst.
- Der Klient bewertet auf einer Skala von eins bis zehn, wie hoch die Belastung ist, die der Satz auslöst.
- Der Klient nimmt die Haltung nicht-wertender Achtsamkeit ein und konfrontiert sich mit dem imperativbedrohenden Satz – so lange, wie er in der achtsamen Haltung bleiben kann, aber nicht länger als zehn Minuten.
- Der Klient spricht mit dem Coach über seine Erfahrungen während des Sitzens mit dem Satz.
- Die letzten beide Schritte werden ein weiteres oder mehrere Male wiederholt.
- Der Klient erhält die Aufgabe, zu Hause weiter zu üben, täglich etwa zehn Minuten, bis der Alarm gelöscht ist oder bis zur nächsten Sitzung.

Der Prozess der Introvision beginnt mit dem Problem – eine Situation, die Stress verursacht oder in der man sich blockiert fühlt. Wenn man weiß, an welchem Problem man arbeiten möchte, ist der nächste Schritt, herauszufinden, was das Schwierige an dieser Situation ist. Man kann sich fragen: »Was genau macht es mir eigentlich so schwer, mit dieser Situation oder mit dieser Person klarzukommen?« Durch die Beantwortung dieser Frage soll herausgefunden werden, was man vermeiden möchte.

Wir kehren noch einmal zu unserem Beispiel zurück, dass jemand einen Vortrag halten muss, der ihm schwer im Magen liegt. Er ist kaum in der Lage, sich inhaltlich darauf vorzubereiten, denn jedes Mal, wenn er sich hinsetzt, um sein Konzept zu schreiben, wird er von solcher Aufregung ergriffen, dass er keinen klaren Gedanken mehr fassen kann. Der Gedanke an den Vortrag, der ihm bevorsteht, macht dem Mann so schwer zu schaffen, dass er nachts schon schlecht schläft. Aus diesen Gründen hat er sich zu einem Coaching mit Introvision entschlossen.

Um das Problem genau zu ergründen, fragt der Coach als Erstes: »Was genau ist denn für Sie das Schwierige daran, diesen Vortrag zu halten?« Der Klient antwortet: »Ich habe Angst, den roten Faden zu verlieren.« Der Coach fragt weiter: »Was wäre das eigentlich Schlimme daran, wenn Sie den roten Faden verlieren? Denn den roten Faden zu verlieren, stellt für sich genommen ja noch keine Katastrophe dar.« Darauf antwortet der Klient: »Ich habe Angst davor, mich dadurch lächerlich zu machen. Wenn ich dastehe, mit rotem Kopf, und nicht weiter weiß, könnten die Zuhörer anfangen, mich auszulachen. Das fände ich total beschämend.« »Aha«, sagt daraufhin der Coach, »das heißt, Sie möchten auf jeden Fall vermeiden, sich lächerlich zu machen?« Dem stimmt der Klient zu.

Der Coach klärt mit ihm, wie es zu seiner Schwierigkeit kommt: »Aufgrund eines vorangegangenen Erlebnisses oder weil Sie schon einmal schlechte Erfahrungen mit einer ähnlichen Situation gemacht haben oder aus irgendeinem anderen lebensgeschichtlichen Zusammenhang, der im Moment gar nicht wichtig ist, haben Sie einen inneren Imperativ entwickelt, der lautet ›Ich darf mich auf gar keinen Fall lächerlich machen‹. Der bevorstehende Vortrag bringt Sie nun aber in eine Situation, in der genau das passieren könnte. Sie fühlen sich nicht sicher mit dem Vortrag, denn so häufig müssen Sie keine Vorträge halten, also sagt Ihnen eine innere Stimme: ›Bei dem Vortrag könnte genau das passieren. Es könnte sein, dass du dich lächerlich machst.‹ Das stürzt Sie in einen inneren Konflikt. Da ist einerseits der Imperativ ›Du darfst dich auf gar keinen Fall lächerlich machen‹ und andererseits die innere Stimme ›Genau das könnte aber passieren.‹ Das aktiviert das Alarmsystem in der Amygdala, die Sie vor einer Gefahr warnt und deshalb Stresshormone ausschüttet. Diesen Alarm nehmen Sie wahr als Nervosität, Magenkrämpfe, Schlafstörungen und Leere im Kopf, wenn Sie sich auf die Inhalte Ihres Vortrages konzentrieren wollen.«

Das Formulieren des den Imperativ bedrohenden Satzes

Nachdem der Imperativ identifiziert ist, besteht der nächste Schritt darin, den richtigen Satz zu formulieren, der geeignet ist, beim Klienten den inneren Alarm auszulösen. Zur Erinnerung: Ein Imperativ besteht immer darin, dass etwas auf eine ganz bestimmte Art und Weise sein oder geschehen *muss* beziehungsweise, dass etwas *auf gar keine Fall* geschehen darf. Nach unserer Erfahrung kommen die Imperative, die darin bestehen, dass etwas auf keinen Fall passieren darf, häufiger vor als jene, die verlangen, dass etwas unbedingt auf eine festgelegte Art und Weise passieren muss.

Aus dem Gedanken, der den Imperativ bedroht, muss also der Satz formuliert werden, der zum inneren Konflikt mit allen dazugehörigen mentalen, emotionalen und körperlichen Reaktionen führt. Die richtige Formulierung dieses Satzes spielt eine große Rolle, weil ähnliche Begriffe oder Verben, trotz ihrer annähernd gleichen Bedeutung, die Stärke der Reaktion unterschiedlich beeinflussen können. So kann zum Beispiel bei jemandem, dessen Imperativ lautet, nicht zu scheitern, die Alarmreaktion sehr stark ausfallen bei dem Satz »Es kann sein, dass ich bei xyz scheitere«, während für einen anderen, der die gleiche Angst hat zu scheitern, dieser Satz nicht viel bewegt, er aber stark reagiert bei den Worten »Es kann sein, dass ich bei xyz versage!«

Deshalb ist es wichtig, so lange mit den Formulierungen zu experimentieren, bis man die richtige Wortwahl gefunden hat. Man kann dafür bereits die Introvision selbst nutzen, also den Klienten nach innen gehen lassen, um nachzuspüren, welche Formulierung den Alarm am stärksten auslöst, und diese dann in der weiteren Arbeit benutzen. Dabei sollte die Formulierung immer in der Möglichkeitsform gefasst sein, also: »Es kann sein, dass … « Man könnte auch eine Formulierung mit »vielleicht« wählen, die Erfahrung bisher hat aber gezeigt, dass eine solche Formulierung von den meisten Klienten als schwächer empfunden wird. »Es kann sein, dass … « macht offenbar am deutlichsten, dass wirklich eintreten kann, was der Imperativ zu verhindern versucht.

Wenn man mit dem Satz gearbeitet hat, der einen starken Alarm ausgelöst hatte, der Alarm durch mehrfaches Sitzen mit diesem Satz aber bereits schwächer geworden ist, kann es hilfreich sein, den Satz noch einmal zu verschärfen, zum Beispiel indem man aus »Es kann sein, dass ich abgelehnt werde!« ein »Es kann sein, dass ich total abgelehnt werde!« macht. Manchmal steigert das den Alarm noch einmal und so hat man die Chance, auch diese Alarmreaktion zu löschen.

Wir wollen noch einmal betonen, wie wichtig es ist, den Alarm auszulösen. Nur wenn der Alarm ausgelöst wurde und man alle Reaktionen, die damit einhergehen, durchlebt, kann man den Alarm auch leer laufen lassen! Durch das Sitzen mit dem Alarm in der Haltung der nicht-wertenden, beobachtenden Wahrnehmung wird der Alarm vom Problem und den nachfolgenden Reaktionen entkoppelt.

Ganz konkret geht die Arbeit des Klienten oder des allein Übenden so vor sich: Er nimmt eine bequeme Sitzhaltung ein, schließt die Augen, geht nach innen und denkt seinen Imperativ-Konflikt-Gedanken. Er lässt diesen Satz sozusagen »wie einen Stein ins Wasser fallen« und beobachtet, welche »Wellen« dadurch gebildet werden, welche inneren Reaktionen entstehen. Um bei unserem Beispiel zu bleiben, würde sich der Klient also mit dem Satz »Es kann sein, dass ich mich bei dem Vortrag lächerlich mache« konfrontieren. Seine Haltung ist dabei weitgehend passiv, denn mehr, als immer wieder diesen Satz zu denken, unternimmt er nicht. Er wartet vielmehr ab, welche Reaktionen in ihm aufsteigen.

Es geschieht immer wieder, dass jemand, der mit Introvision arbeitet, die Erwartung hat, dass etwas ganz Bestimmtes passieren müsse – doch mit dieser Erwartungshaltung stört man eigentlich schon den Prozess, den man in Gang setzen möchte. Es geht ausschließlich darum, abzuwarten, was von allein, ohne vom Willen oder der Erwartung forciert zu sein, an Reaktionen aufsteigt – seien es Reaktionen auf der Körperebene, die häufig vorkommen, also etwa Verspannungen, Bauchdrücken, Schmerzen oder Übelkeit, seien es emotionale Reaktionen wie Angst, Traurigkeit, Wut oder Verzweiflung oder seien es Reaktionen auf der gedanklichen Ebene mit Gedanken wie »Ich will das nicht!« oder mit Erinnerungen und Bildern aus vergangenen Tagen.

Wenn man »den Stein ins Wasser geworfen hat«, geht es darum, mehrere Minuten lang in der Haltung der Achtsamkeit mit dem ausgelösten Alarm zu sitzen und alles zu beobachten, ohne zu werten und ohne sich davon mitreißen zu lassen. Alles, was kommt, wahrnehmen und wieder gehen lassen, das macht die richtige Achtsamkeit aus.

Durch diesen Prozess verringert sich in der Regel die Stärke des Alarms. Wenn man diese auf eine Skala von null bis zehn einschätzt, so starten viele Übende mit einer Belastung zwischen sieben und neun und kommen, wenn es ihnen gelingt, sechs, acht oder gar zehn Minuten in der Haltung der Achtsamkeit zu bleiben, während sie sich immer wieder ihren Imperativ-Konflikt-Gedanken innerlich wiederholen, herunter auf eine Belastung von fünf, manchmal sogar weniger. Man spürt also häufig schon nach einmaligem Sitzen eine Abschwächung des Alarms.

Im Introvision-Coaching wird der Prozess meist noch ein bis zwei weitere Male wiederholt, immer mit dem gleichen Satz, bis die Stärke des Alarms sich reduziert hat auf zwei oder eins. Dann kann der Klient zu Hause allein weiter üben. Ideal ist, sich täglich wenige Minuten, sechs bis zehn genügen völlig, dafür zu nehmen, bis der Alarm ganz auf null gesunken ist. Bis der Alarm-Konflikt-Gedanke so neutral geworden ist, wie etwa der Gedanke »Es kann sein, dass mir irgendwann einmal ein Unfall zustößt« – dieser Gedanke entspricht durchaus der Realität, wird aber für gewöhnlich niemanden daran hindern, wieder am Straßenverkehr teilzunehmen.

10. Kapitel

Das Lebensskript

In der Praxis begegnen uns immer wieder Menschen, die völlig ratlos sind, weshalb sie sich so und nicht anders verhalten, obwohl ihr Verstand ihnen doch sagt, dass das, was sie gerade tun, weder vernünftig noch zu ihrem Besten ist. Um sich selbst, die eigenen Reaktions- und Gefühlsmuster, aber auch, um die anderer Menschen besser zu verstehen, lohnt es sich, auf ein psychologisches Modell zurückzugreifen, das lebensgeschichtliche Zusammenhänge leicht nachvollziehbar erklärt und verständlich macht, weshalb es bei einem selbst zur Ausformung gerader jener Imperative gekommen ist.

Um zu begreifen, wie es zu Verhaltensmustern kommt, die sich durch die ganze Lebensgeschichte ziehen und die von außen betrachtet gänzlich unverständlich scheinen, ist das Konzept des »Lebensskripts« aus der Transaktionsanalyse ein wertvolles und hilfreiches Modell. Ein Skript bezeichnet eigentlich das Drehbuch eines Films und ganz ähnlich ist der Begriff auch im psychologischen Zusammenhang zu verstehen.

Eric Berne, der Begründer der Transaktionsanalyse, war ein aufmerksamer, sehr genauer Beobachter. In seinem Bestreben, menschliche Verhaltensweisen zu verstehen, wurde ihm klar, dass Menschen mit Schwierigkeiten oft wiederkehrenden Mustern folgen. Diese Verhaltens- und Gefühlsmuster bestimmen das Leben der Betroffenen so, wie ein Drehbuch den Handlungsverlauf und die Gefühle von Filmfiguren bestimmt. Kennt man das Drehbuch, so kennt man den Film, man weiß, was als Nächstes passieren wird. Ähnlich ist es mit dem Lebensskript: Kennt man das Muster, kann man sehr treffsichere Vorhersagen machen, wie jemand in bestimmten Situationen reagieren wird.

Wie entsteht das Lebensskript?

Die Grundlagen für das Skript werden in der Kindheit gelegt. Wenn man als Kind immer wieder ganz bestimmte unangenehme Erfahrungen macht, führt das dazu, dass man letzten Endes ganz bestimmte Sichtweisen auf die eigene Person, auf andere Menschen und auf das Leben entwickelt. Diese Sichtweisen sind so stabil, dass sie auch im Erwachsenenleben noch das Verhalten einer Person bestimmen.

Wir wollen das an einem einfachen Beispiel erläutern: Jedes Kind erlebt Situationen, in denen es Ärger empfindet – Situationen, in denen dieser auch durchaus die adäquate Gefühlsregung ist. Wenn ein Kind nun Eltern hat, die damit nicht umgehen können, werden sie seinen Ärger unterbinden. Jedes Mal, wenn das Kind diese Emotion laut ausdrückt, wird es dafür bestraft, zum Beispiel mit Liebesentzug. Hat das Kind häufig genug erlebt, dass Mama und Papa es nicht mehr lieb haben, wenn es Ärger empfindet und den auch zeigt, wird es lernen, seinen Ärger zu unterdrücken. Es entwickelt den inneren Glauben »Es ist nicht in Ordnung, ärgerlich zu sein« oder auch »Ich bin nicht liebenswert, wenn ich ärgerlich bin«. Bis es allerdings so weit ist, dass es seinen Ärger total unter Kontrolle hat, wird das Kind viele sehr unangenehme Zeiten erleben.

Hier schließt sich ein Kreis zu dem, was wir bis jetzt über Introvision gehört haben. Ein Kind, das wütend, traurig und enttäuscht ist und dann allein in sein Zimmer geschickt wird, wo es zu bleiben hat »bis es wieder brav ist«, erlebt Momente der Verzweiflung, es weint, es schreit vielleicht, fühlt sich hilflos und allein, es geht ihm wirklich nicht gut. Das ist so unangenehm, dass das Gehirn des kleinen Menschen irgendwann Anstrengungen unternimmt, um diese schreckliche Erfahrung in Zukunft zu vermeiden. Dafür installiert es einen Alarm, der dem Kind signalisiert: »Achtung! Da kommt eine Situation auf dich zu, die es unter allen Umständen zu vermeiden gilt!« Das kindliche Hirn formuliert auf der unbewussten

Ebene einen Imperativ, der lautet: »Ich darf unter gar keinen Umständen meinen Ärger zeigen!«

Der genannte Alarm wird auch noch im Erwachsenenalter immer wieder losgehen, wenn es auch nur kleinste Anzeichen dafür gibt, dass eine Situation in der bekannten Weise unangenehm zu werden droht. Also entwickelt der Mensch, der als Kind gelernt hat: »Ich bin nicht liebenswert, wenn ich ärgerlich bin« und den Imperativ »Ich darf auf keinen Fall meinen Ärger zeigen!« internalisiert hat, Verhaltensmuster, die dazu geeignet sind, ihn um solche gefährlichen Klippen herumzuführen. Er ist betont friedfertig, immer auf Ausgleich bedacht und schluckt seinen Ärger, wo es nur geht, hinunter – und meist auch dann, wenn es eigentlich nicht geht. Statt einmal auf den Tisch zu hauen, wenn seine berechtigten Interessen missachtet werden, zieht er sich zurück, denn »er kann nun einmal nicht aus seiner Haut«. Doch mit seiner Haut oder seinem »Charakter« hat das gar nichts zu tun – es ist sein Lebensskript, gemeinsam mit dem daraus resultierenden Imperativ, das ihm vorschreibt, seinen Ärger nicht zu zeigen.

Die Einschärfungen

In der Theorie der Transaktionsanalyse wurden zwölf Verbote, sogenannte Einschärfungen, definiert, anhand derer sich sehr gut zeigen lässt, wie sich Skriptmuster entwickeln und wie daraus Skriptverhalten mit den dazugehörigen Imperativen entsteht. Wir werden zeigen, wie durch Einschärfungen, die in der Kindheit erworben wurden, das Verhalten des Erwachsenen geprägt wird, denn jede Einschärfung hat weitreichende Auswirkungen.

Eric Berne war stark von der Psychoanalyse beeinflusst und ging deshalb davon aus, dass das Skript im Wesentlichen von den Eltern vermittelt wird, weil sie die wichtigsten Liebes- und Beziehungspersonen im Leben eines Kindes sind. Neuere Ansätze, die wir für richtig halten, sehen jedoch auch, wie wichtig die übrigen Umfelder sind, in denen Kinder sich bewegen. Ein Kind muss nicht nur mit Eltern und Familie zurechtkommen, sondern auch in Kindergarten und Schule, mit Lehrern, Freunden und anderen Kindern.

So kann sich ein Skript durchaus auch durch Mobbing von Gleichaltrigen entwickeln oder durch Lehrer, die das Kind abwerten, es zum Beispiel vor der Klasse lächerlich machen und beschämen. Solche Ereignisse im kindlichen Umfeld passieren, ohne dass die Eltern darauf einen Einfluss haben, häufig genug auch, ohne dass sie es überhaupt bemerken. Selbst Kinder, die hervorragende Beziehungen zu Mutter und Vater haben, erzählen zu Hause nicht alles, was außerhalb des Elternhauses passiert.

Doch wie auch immer es dazu gekommen ist, dass ein Mensch Einschärfungen verinnerlicht hat, sei es durch die Eltern, sei es durch andere Menschen: Es geht keinesfalls darum, irgendwelche Schuldzuweisungen zu machen! In der Regel handeln besonders Eltern nicht mit böser Absicht. Sie tun, was sie tun, weil sie nicht anders können – weil sie es selbst nicht anders gelernt haben, weil sie sich mit eigenen seelischen Nöten herumschlagen, weil sie vielleicht von ihrem Alltag mit seinen Sorgen überfordert sind, weil sie glauben, so das Beste für ihr Kind zu erreichen, oder weil ihnen einfach nicht klar ist, was sie mit ihren Botschaften bei ihrem Kind tatsächlich auslösen. Dazu kommt, dass ein Kind die Einschärfungen selbst übernehmen muss, damit sie wirken – aber auch das heißt nicht, dass das Kind »selbst Schuld hat«! Wir wollen niemandem einen schwarzen Peter zuschieben, sondern in »idealtypischer Form« den Mechanismus aufzeigen, wie es zum Aufbau eines Skripts kommen kann.

Außerdem können Einschärfungen auch dadurch entstehen, dass Kinder mit ihrem noch schwach ausgeprägten Verständnis der Welt Situationen und Botschaften völlig falsch interpretieren. Ein Kind, das im frühen Alter aufgrund einer Krankheit eine Zeit lang isoliert im Krankenhaus liegen muss und erlebt, dass seine Eltern nicht zu ihm kommen, sondern immer nur vor der Fensterscheibe stehen bleiben, kann zum Beispiel den irrigen Glauben entwickeln, seine Eltern würden es ablehnen. Aus einer solchen Fehlinterpretation kann eine Einschärfung erwachsen.

Auch in Scheidungssituationen, besonders wenn Kinder sich plötzlich in Loyalitätskonflikten wiederfinden, kann es passieren, dass sie für sich selbst eine kindliche Argumentationskette entwickeln, die in einem ganz falschen Glaubenssatz mündet. Ein Kind kann zum Beispiel denken: »Ich liebe meine beiden Eltern und weil das so ist, müssen sie sich auch gegenseitig lieben. Wenn sie das jetzt nicht mehr tun, kann das nur an mir liegen. Sie trennen sich, weil ich nicht in Ordnung bin. Wäre ich ein braveres Kind oder besser in der Schule oder sonst irgendetwas, dann wären sie zusammengeblieben.« Kinder beziehen häufig etwas auf sich, das mit ihnen selbst gar nichts zu tun hat, aber mit einer Einschärfung enden kann. So auch, wenn ein Kind mit einem traumatischen Erlebnis wie etwa einem Unfall fertigwerden muss. Das Kind versteht nicht, dass das Trauma nichts mit ihm zu tun hat, bringt es aber mit sich selbst in Verbindung und das wirkt sich deshalb im Anschluss wie eine Einschärfung aus.

Die Einschärfungen, die immer als Verbote formuliert sind, müssen, um bei einem Kind überhaupt zu wirken, entweder sehr dramatisch gegeben werden oder mit großer Konsequenz über einen längeren Zeitraum immer wieder ausgesprochen werden. Dabei gibt es durchaus Unterschiede in der Intensität, mit der die Einschärfungen wirken – milde Formen sind für den Betroffenen weniger belastend als heftige.

Einmalige dramatische Ereignisse, die eine Einschärfung zur Folge haben, wirken auf das Kind wie ein Trauma, weshalb sich das innere Verbot so sehr in der Psyche verfestigt, dass es das Verhalten noch Jahre oder Jahrzehnte danach bestimmt. Gelegentliche Verbote oder andere negative Äußerungen, die jeder von uns aus seiner Kindheit kennt und die jedes Kind zu hören bekommt, wirken sich nicht als Einschärfungen aus, denn solche Erfahrungen werden durch andere wieder gelöscht und haben deshalb keine weiter reichende Bedeutung.

Macht ein Kind eine negative Erfahrung aber immer und immer wieder, setzt sich das als fast unumstößliche »Wahrheit« fest, was dazu führt, dass man noch als Erwachsener sein Verhalten entweder so organisiert, dass diese »Wahrheit« auch immer wieder bestätigt wird. Oder – und das ist die andere Möglichkeit, mit Einschärfungen umzugehen – man wird einen beständigen Kampf dagegen führen, ohne sich jedoch jemals wirklich von der Einschärfung zu befreien. Ein Mensch, der zum Beispiel die Einschärfung »Sei nicht erfolgreich« mit auf seinen Weg bekommen hat und trotzdem sehr erfolgreich ist, fühlt sich gerade aus der Angst und dem inneren Glauben heraus, ein Versager zu sein, erfolgsgetrieben. Er kann keinen Erfolg genießen, sondern muss sofort mit der nächsten großen Anstrengung »beweisen«, dass er kein hochstaplerischer Nichtskönner ist. Dieser »Erfolg« wird teuer erkauft, denn er kostet sehr viel mehr Energie, als wenn man die innere Erlaubnis besitzt, im Beruf erfolgreich zu sein.

Die zwölf Einschärfungen, die Berne formuliert hat, lauten:

- Sei nicht
- Sei nicht wichtig
- Schaff's nicht
- Zeig keinen Ärger
- Denk nicht
- Zeig keine Gefühle
- Komm mir nicht zu nahe
- Sei kein Kind
- Werde nicht erwachsen
- Sei nicht du
- Gehör nicht dazu
- Sei nicht gesund

Wir werden auf jede dieser Einschärfungen noch detailliert eingehen.

Die Antreiber

Bislang war von Verboten die Rede – Eltern geben ihren Kindern jedoch auch »Handlungsanweisungen« in Form von Geboten mit. Diese Gebote nennt die Transaktionsanalyse sehr treffend »Antreiber«, denn genau so wirken sich die Gebote aus: Sie setzen unter Druck. Häufig geben Eltern ihre eigenen Antreiber an die Kinder weiter. Oder sie reagieren mit den Antreibern auf die Schwierigkeiten, die die Kinder ihnen machen. Oder sie wollen mit den Antreibern die negativen Folgen korrigieren, die sich aufgrund der Einschärfungen bei den Kindern einstellen.

Antreiber kommen in der Erziehung meist zu einem späteren Zeitpunkt zum Einsatz als die Einschärfungen, für gewöhnlich mit dem Beginn der Schulzeit, und ebenso wie bei den Einschärfungen gibt es milde und sehr heftige Formen. Ein milder Antreiber löst zwar negative Gedanken aus, belastet denjenigen aber längst nicht so sehr wie ein starker. Ein Antreiber wird durch entsprechende Schlüsselsituationen ausgelöst und sorgt für mehr oder weniger großen inneren Stress. Außerdem wirken Antreiber leicht »ansteckend«: Jemand, der gerade unter dem Einfluss seines Antreibers steht, neigt dazu, diesen Antreiber an seine Umgebung weiterzugeben, was den Stress noch weiter verschärft. Antreiber lassen sich in allen Lebenssituationen beobachten und wer sie bei sich und bei anderen verstanden hat, dem wird schnell das Muster klar, das hinter vielen Problemen und Konflikten steckt.

Wie gut sich Transaktionsanalyse und Introvision ergänzen, zeigt sich in unseren Augen auch darin, dass die Antreiber, die als »Gegenmittel« zu den Einschärfungen von Eltern oder anderen Erziehungspersonen gegeben werden, bereits wie Imperative formuliert sind. Es existieren viele Ähnlichkeiten zwischen dem, was die Transaktionsanalyse in den sechziger Jahren des vorigen Jahrhunderts herausgefunden hat, und dem, was die Forschung zur Introvision inzwischen erkannt hat – nur dass die Introvision noch weit über die Einsichten der Transaktionsanalyse hinausgeht.

Berne hat lediglich fünf Antreiber definiert:

- Sei perfekt
- Mach es anderen recht/Sei gefällig
- Streng dich an
- Sei stark
- Beeil dich

Mit dem Konzept der Imperative erschließen sich jedoch noch viel bessere Möglichkeiten, das, was im Inneren eines Menschen passiert, zu präzisieren, zu verstehen und damit umzugehen. Es wird auch erkennbar, wie die Einschärfungen und Antreiber durch die Imperative miteinander verzahnt sind. Die Antreiber stellen dabei eine Art »obere Ebene« der Imperative dar, während die Imperative, die mit den Einschärfungen verbunden sind, sich auf einer psychisch tieferen Ebene befinden. Deshalb empfiehlt es sich, zunächst die Imperative auf der Antreiber-Ebene zu bearbeiten – es ist einfach leichter, mit ihren Alarmen umzugehen, weil sie nicht als so existenziell bedrohlich erlebt werden.

In der Transaktionsanalyse geht man davon aus, dass Antreiber den Kindern bewusst als »Lebensregeln« mit auf den Weg gegeben werden – im Gegensatz zu den Einschärfungen, die unbewusst vermittelt werden. Diese »Lebensregeln«, das ist die eigentlich »gute Absicht« dahinter, sollen den Kindern helfen, ihr Leben zu bewältigen – allerdings häufig in Form eines Drucks, den die Eltern ausüben, wenn sie merken, dass irgendetwas in ihren Augen schiefläuft. Der Druck bleibt erhalten, wenn die Antreiber von den Kindern verinnerlicht werden. Wenn ein äußerer Antreiber zu einem inneren geworden ist, gibt es kein Entkommen mehr, denn die innere Stimme, die etwas verlangt, ist immer vorhanden und das schafft Stress.

Der Stress entsteht durch den inneren Konflikt, der sich ergibt, wenn es zwar eine innere Stimme gibt, die im Sinne des Antreibers unbeugsam verlangt, dass etwas ganz Bestimmtes zu geschehen hat beziehungsweise auf gar keinen Fall passieren darf, gleichzeitig jedoch eine zweite Stimme warnt, dass genau das Gegenteil jetzt eintreten könnte, dass man also das, was der Antreiber beziehungsweise der Imperativ verlangt, nun gerade nicht hinkriegt. Das löst einen Alarm aus, denn dass der Imperativ verletzt wird, darf ja auf keinen Fall passieren. Die Amygdala schüttet die Stresshormone aus, mit der Folge, dass die Menschen gereizt, angespannt, aufgeregt oder genervt reagieren. So werden die Antreiber zu Stressoren, die verhindern, dass man gelassen bleiben kann.

11. Kapitel

Die Verbindung von Skript und Imperativen

Die Strategien, die Menschen entwickeln, um mit ihrem Lebensskript umzugehen, münden häufig in der Ausformung ganz spezifischer Imperative, die das Verhaltensmuster prägen und für einen Großteil des Stresses verantwortlich sind, den die Betroffenen erleben. Wir wollen im Folgenden da, wo es sinnvoll ist, den einzelnen Einschärfungen und Antreibern jene Imperative zuordnen, die wahrscheinlich mit ihnen einhergehen.

Wie eben schon geschildert, können Einschärfungen und Antreiber mehr oder weniger stark ausgeprägt bei einem Menschen vorhanden sein. Ein Skript kann also in einer eher milden Form vorliegen, sodass es wenig Stress verursacht – es kann sich aber auch sehr intensiv äußern und so das Verhalten einer Person ganz wesentlich bestimmen. Außerdem kann man natürlich mehrere Einschärfungen und Antreiber haben, was den Stress vermehrt, denn dann häufen sich die Situationen, in denen man inneren Imperativen gehorchen muss – also Alarm-Zustände erlebt.

Die Einschärfungen und ihre Imperative

1. Sei nicht

Dies ist die destruktivste Einschärfung, die ein Kind bekommen kann. Um die Botschaft »Sei nicht« zu verinnerlichen, muss ein Kind immer wieder die Erfahrung machen, dass es grundlegend abgelehnt wird. Schwere körperliche Misshandlungen, denen es ausgesetzt wird, können zum Beispiel dazu führen, dass das Kind sich so minderwertig fühlt, dass es glaubt, keine Lebensberechtigung zu haben. Aber auch emotionale Vernachlässigung kann das zur Folge haben. Wenn sich niemand für das Kind interessiert, kommt es zu der Überzeugung, dass keiner es haben wollte, dass es überflüssig ist und entwickelt dann selbst den Glauben, dass es wohl besser wäre, wenn es gar nicht existierte.

Auch Eltern, die ihrem Kind immer wieder vorhalten: »Wenn du nicht wärst, hätte ich diesen Mann/diese Frau gar nicht geheiratet; hätte ich mein Studium abschließen können; hätte ich Karriere gemacht; hätten wir nicht so viele finanzielle Probleme; hätte ich ein viel besseres Leben führen können … « geben ihm die Schuld an all ihrem Unglück und machen es verantwortlich dafür, dass es geboren wurde – als ob ausgerechnet das Kind dabei irgendeine Mitsprache gehabt hätte. Beim Kind kommt es aber tatsächlich so an, als läge die ganze Schuld bei ihm selbst. So nahm eine Klientin, deren Mutter bei ihrer Geburt gestorben war, die ganze »Schuld« dafür auf sich. Sie entwickelte den tiefen Glauben, dass sie niemals hätte geboren werden dürfen, dass es ein Unrecht sei, dass sie auf der Welt ist.

Menschen mit einer »Sei nicht«-Einschärfung leiden große psychische Qualen, die oft Depressionen, Selbstmorde oder Selbstmordversuche zur Folge haben. Manchmal ist diese Einschärfung auch der wahre Grund dafür, weshalb Menschen auf indirektem Weg versuchen, ihrem Leben ein Ende zu setzen, durch Rauchen, einen exzessiven Lebenswandel, Extrem-Sportarten, durch riskantes Fahrverhalten oder durch Arbeiten bis zum Umfallen zum Beispiel.

Andere gehen mit der »Sei nicht«-Einschärfung um, indem sie sich ihre Lebensberechtigung durch besonders hilfsbereites, liebenswürdiges, aufopferndes Verhalten zu verdienen versuchen. Sie tun sehr viel für andere in der unbewussten Hoffnung »Wenn ich unter Beweis stelle, dass ich gebraucht werde, dann werden meine Eltern/die Umwelt/ich selbst meine Existenz akzeptieren.« Wer diesen Ausweg aus der Einschärfung für sich gewählt hat, wird sich unbewusst immer jemanden suchen, der ihn »braucht« – und ist absolut abhängig davon, dafür immer wieder auch die Bestätigung zu bekommen. Er wird versuchen, sich unentbehrlich zu machen, aber seine ganze Hilfskonstruktion ist einsturzgefährdet, wenn er merkt, dass die anderen auch ganz gut ohne ihn zurechtkommen. Für eine Mutter mit »Sei nicht«-Einschärfung, die glücklich ist, solange sie ihr Leben ihren Kindern widmen kann, bricht die Welt zusammen, wenn die erwachsenen Kinder nicht mehr auf ihre Fürsorge angewiesen sind. Genauso ergeht es dem Abteilungsleiter, der sich zeit seines Lebens für die Firma aufgeopfert hat. Wenn er merkt, dass seine Abteilung auch ohne ihn bestens funktioniert, verliert er fast seine Existenzgrundlage.

Auch hinter dem Streben nach Spitzenleistungen kann sich eine »Sei nicht«-Einschärfung verbergen, wenn derjenige in der Überzeugung handelt, sich nur so seinen Platz im Leben verdienen zu können. Dass das nicht funktioniert, wird spätestens dann offenbar, wenn er seine Leistungsfähigkeit verliert, etwa durch Krankheit oder einen Unfall, und sich dadurch völlig wertlos fühlt.

Eine weitere Bewältigungsstrategie kann sein, dass man nichts für sich verlangt, man will am liebsten unsichtbar werden – oder wie ein Klient das einmal ausgedrückt hat: »Ich bin Teil der Tapete, nehmt mich gar nicht wahr!« Man versucht, möglichst wenig Raum, überhaupt möglichst wenig Leben für sich zu nehmen. Im Extremfall kann das dazu führen, dass jemand sogar so wenig wie möglich atmet. Dahinter steckt die Hoffnung, dass man vielleicht doch eine Lebensberechtigung hat, wenn man nur so ein klitzekleines Bisschen Leben für sich in Anspruch nimmt.

Die »Sei nicht«-Einschärfung ist so elementar, dass man sagen kann, dass, wer diese Botschaft verinnerlicht hat, im Grunde genommen auch alle anderen Einschärfungen in sich trägt. Denn wer keine innere Erlaubnis besitzt zu leben, der hat eben auch keine Erlaubnis, wichtig oder erfolgreich zu sein, Gefühle zu zeigen, zu denken oder sich zugehörig zu fühlen. Diese Einschärfung ist ohne Frage die einschränkendste von allen.

Für Menschen, die an ihrer »Sei nicht«-Einschärfung arbeiten, besteht ein ganz wichtiger Schritt darin, Ziele für sich zu entwickeln. Denn auch wenn sie sich entschieden haben, ihr Leben anzunehmen, wenn sie erkannt haben, dass sie ein Recht darauf haben zu leben, ist es nötig, ihrem Leben eine Richtung zu geben. Wenn man ein Auto besitzt, aber nicht weiß, wohin man damit fahren will, nützt einem das schönste und schnellste Modell nichts. Ein Klient, dem diese Richtung fehlte, gab seinem inneren Erleben den Ausdruck: »Ich habe das Gefühl, dass ich überlebe, aber nicht, dass ich lebe!« Er erhielt die Aufgabe, niederzuschreiben, was er denn erleben und erreichen wollte, wo er mit seinem Leben noch hin wollte, um sich klarzumachen, welche Richtung er mit seinem Leben einschlagen wollte.

Da die »Sei nicht«-Botschaft eine so existenzielle Einschärfung ist, wollen wir noch ein paar Bemerkungen dazu anschließen. Wichtig scheint uns der Hinweis zu sein, dass diese Einschärfung im Großen und Ganzen eher selten vorkommt. Wer die Transaktionsanalyse gerade kennenlernt und sich augenblicklich oder schon länger sehr schlecht fühlt, hat leicht die Befürchtung, dahinter könnte eine »Sei nicht«-Einschärfung stecken. Das ist zum Glück meistens nicht der Fall. Alle Einschärfungen sind mit schlechten Gefühlen verbunden. Doch die Gefühle, die mit einer »Sei nicht«-Einschärfung einhergehen, besitzen eine Qualität, die weit darüber hinausgeht. Für Menschen mit der »Sei nicht«-Einschärfung ist es gefühlsmäßig tatsächlich existenziell bedrohlich, wenn nicht alles genau so läuft, wie sie glauben, dass es laufen muss, damit sie ihre Lebensberechtigung erhalten.

Und das ist der zweite Punkt, auf den wir noch einmal hinweisen wollen: Selbst wenn ein Mensch mit der Einschärfung »Sei nicht« aufgewachsen ist, so hat er doch als Kind einen

Weg für sich gefunden, wie er damit umgehen kann. Das heißt, auch wenn jemand erkennt, tatsächlich diese Einschärfung verinnerlicht zu haben, ist das kein Grund, sich davon zu sehr erschrecken zu lassen. Man hat ja ganz offensichtlich Wege und Ressourcen gefunden, wie man sein Überleben sicherstellen kann. Mit Hilfe der Introvision lässt sich auch diese schwerwiegende Einschärfung bearbeiten, auch wenn es vielleicht etwas mehr Mühe kostet als mit geringeren Schwierigkeiten.

Der wahrscheinlich häufigste Imperativ lautet bei dieser Einschärfung in irgendeiner Form: »Ich muss gebraucht werden.« Der Gedanke, nicht mehr gebraucht zu werden, löst Panik aus. Dabei kann es zu heftigsten Alarmreaktionen kommen. Bei einem Klienten zum Beispiel führte der Gedanke, dass seine Ex-Frau ihn nicht mehr brauchen könnte, zu einer so starken Anspannung, dass seine Hände zu Fäusten ballten, seine Kiefermuskulatur verkrampfte und sein Atem ganz flach wurde.

Bei einer Klientin mit der »Sei nicht«-Einschärfung ging der Imperativ »Ich muss gebraucht werden« so weit, dass sie ihr ganzes Leben so eingerichtet hatte, dass sie permanent gebraucht wurde. Ihr Kind wurde von ihr in überfürsorglicher Art und Weise ständig bemuttert. Der Mann, den sie sich erwählt hatte, war ebenfalls sehr abhängig von ihr. Er signalisierte ihr dauernd, wie sehr er sie emotional brauchte, weil er ohne sie leicht in Angstzustände verfiel. Und selbst in beruflicher Hinsicht hatte sie es geschafft, an einen Chef zu geraten, der dringend auf sie angewiesen war, weil sie über Fähigkeiten verfügte, die ihm abgingen. Im Grunde genommen war es so, dass erst sie ihn in seinem Chef-Sein stabilisierte, denn nur mit ihrer Hilfe gelang es ihm, in der Firma nicht auffällig zu werden. Da er ihr immer wieder deutlich machte, wie sehr er sie brauchte, war sie aufgrund ihres Skripts und des damit verbundenen Imperativs stets auch bereit, die Arbeit zu machen, für die er die Meriten und das Gehalt bekam. Sie strampelte sich also privat und beruflich ab, um ihrem Imperativ »Ich muss gebraucht werden« Genüge zu tun. Das permanente Bestreben, es allen anderen recht zu machen, forderte aber natürlich seinen Preis. Sie war am Rande einer Erschöpfung, als sie sich zu einem Coaching entschloss. Als im Introvision-Coaching ganz schnell offenbar wurde, dass fast all ihr Handeln auf dem Imperativ »Ich muss gebraucht werden« basierte, führte der den Imperativ bedrohende Satz »Es kann sein, dass ich nicht gebraucht werde«, wie zu erwarten war, zunächst zu einer starken Alarmreaktion. Die Klientin brach in Tränen aus, hatte Mühe zu atmen und war sichtlich mitgenommen.

Bei Fällen mit »Sei nicht«- Einschärfung genügt es meist nicht, nur einen Imperativ aufzulösen. Da im Grunde jegliche Erlaubnis zu leben fehlt, gibt es noch etliche andere Imperative, die ebenfalls zu bearbeiten sind. So war es auch bei dieser Klientin. Nach der Arbeit mit dem Imperativ »Ich muss gebraucht werden« tauchten Glaubenssätze auf wie »Ich bin nichts wert«, »Ich bin klein und bedeutungslos«, »Ich bin nicht liebenswert«. All diese Glaubenssätze waren gekoppelt mit einem Imperativ, der lautete »Es darf auf gar keinen Fall passieren, dass ich nicht angenommen werde«. Auch dieser Imperativ gründete auf ihrer ursprünglichen »Sei nicht«-Einschärfung und war imstande, eine Alarmreaktion in Gang zu setzen.

Bei der Klientin zeigte sich aber auch ein weiteres Phänomen, das wir inzwischen häufig beobachtet haben. Sie wurde nicht nur von dem Imperativ »Es darf auf keinen Fall passieren, dass ich nicht angenommen werde« in Alarmbereitschaft versetzt. Der Alarm wurde auch von dem entgegengesetzten Gedanken getriggert: »Es kann sein, dass ich angenommen werde.« Das scheint im ersten Moment ein Widerspruch zu sein. Es erklärt sich jedoch aus der Lebensgeschichte: Wer, wie sie, in der Kindheit niemals die Erfahrung gemacht hat, wirklich angenommen zu sein, entwickelt ein starkes Bedürfnis danach, angenommen zu werden, sich geliebt zu fühlen. Dieses Bedürfnis wurde jedoch ständig enttäuscht. Für ein Kind ist diese immer wiederkehrende Enttäuschung irgendwann zu schmerzhaft. Deshalb wird die Sehnsucht nach Nähe und Angenommen-Sein weitgehend eingeschränkt. Ein Grundwunsch danach bleibt jedoch erhalten und wenn der irgendwann doch erfüllt wird, hält man auch das nicht aus, weil dieses Erleben all die alten Bedürfnisse und Wünsche an die Oberfläche schwemmt. Von diesem Ozean an Gefühlen fühlt sich der Mensch, der gelernt hat, seine Gefühle strikt zu kontrollieren, einfach nur bedroht. Auch unsere Klientin hatte besser gelernt, mit Ablehnung umzugehen als mit Akzeptanz. Deshalb löste der Gedanke »Es kann sein, dass ich angenommen werde« eine noch intensivere Alarmreaktion aus als das ebenfalls gefürchtete »Es kann sein, dass ich nicht angenommen werde«.

Wenn jemand mit der »Sei nicht«-Einschärfung mit Introvision arbeiten will, werden ganz sicher noch weitere Imperative an die Oberfläche kommen, die alle mit Selbstbehauptung und Selbstwertgefühl in Verbindung stehen. Das können zum Beispiel Imperative sein wie: »Ich darf auf keinen Fall meine Interessen lautstark vertreten!«, »Ich darf meinen Ärger nicht äußern!«, »Ich darf mich auf keinen Fall in den Mittelpunkt stellen!«, »Ich darf meine Kompetenz/meine Power nicht voll ausleben!« – Imperative, die auch für die anderen Einschärfungen, die die »Sei nicht«-Botschaft mit einschließt, typisch sind. Damit sich bei jemandem mit dieser existenziell bedrohenden Einschärfung alle inneren Konflikte und Blockaden lösen, genügt deshalb keineswegs eine einzige Arbeit mit Introvision, es müssen alle Imperative aufgearbeitet werden.

2. Sei nicht wichtig

Kinder, die immer wieder die Erfahrung machen, dass ihre eigenen Wünsche kein Gewicht haben, dass ihre Bedürfnisse hintangestellt werden, dass sie sich unauffällig im Hintergrund zu halten haben, dass »Bescheidenheit«, sprich Überanpassung, die höchste Tugend ist und die dazu noch von ihren Eltern als Modell lernen, dass es wichtig ist, immer darauf zu achten »was die Leute denken« könnten, haben irgendwann verinnerlicht, dass alle anderen wichtig sind, sie selbst aber nicht.

Die Einschärfung »Sei nicht wichtig« kann aber auch übernommen werden, wenn das Familienleben ausschließlich an die Bedürfnisse der Eltern angepasst wird. Die Eltern steuern alles so, wie es ihnen am besten passt, die Kinder müssen nicht gelegentlich einmal zurückstecken, sondern dauernd. Die Botschaft an die Kinder lautet, dass sie möglichst unauffällig zu sein haben und keinesfalls stören dürfen.

Dieses Elternverhalten kann auf puren Egoismus zurückzuführen sein. Es kann aber auch sein, dass die Eltern unter einem Übermaß an Stress leiden und überfordert sind, sich nun auch noch den Ansprüchen eines Kindes zu stellen. Kinder lernen rasch, dass es besser ist, nicht aufzufallen, als den Unwillen der gestressten Eltern zu erregen. Also nimmt das Kind sich lieber zurück und verdrückt sich, statt Gefahr zu laufen, die Aggressionen der Eltern abzubekommen – besser unsichtbar sein als Ziel eines Wutausbruchs. Es lässt sich leicht verstehen, dass das Nicht-Auffallen für dieses Kind zum wichtigen Prinzip der Lebensgestaltung geworden ist und dass es großen inneren Alarm auslöst, wenn es einmal im Mittelpunkt stehen soll. Schließlich hat es oft genug erlebt, dass es zum Blitzableiter für die elterliche Überforderung wird, wenn es sich trotzdem einmal bemerkbar macht.

Um dennoch die für jedes Kind nötige Zuwendung zu bekommen, gibt es sich alle Mühe, sich an seine Umgebung anzupassen und nur ja alles zu tun, was man von ihm erwartet – möglichst noch bevor solch eine Erwartung geäußert wird. Es hat gelernt brav, bescheiden, zuvorkommend, unauffällig und still zu sein. Denn wenn man es den Eltern immer recht macht, dann besteht die Chance, dass gelegentlich auch die eigenen Wünsche erfüllt werden. Ist man jedoch einmal nicht so brav und überangepasst, wird das von den Eltern oft als

Begründung dafür ins Feld geführt, weshalb die Wünsche abgeschlagen werden, das Kind hat es ja nicht verdient, wie sein Verhalten zeigt. Unter diesen Umständen lernt ein Kind sehr schnell, dass es besser durchs Leben kommt, wenn es sich selbst zurücknimmt – und eher indirekte Wege sucht, wie es seine Bedürfnisse doch noch befriedigen kann.

Als Erwachsener hält man sich dann lieber im Hintergrund auf, als im Rampenlicht zu stehen. Man stellt keinerlei Forderungen und im Mittelpunkt zu stehen und gefeiert zu werden, ist peinlich. Man schlägt so gut wie keine Bitte ab und lässt sich von jedem unterbuttern. »Ich darf nicht egoistisch sein« ist das lebenslange Credo und sich einmal zu blamieren wäre die denkbar größte Katastrophe. Sich selbst einmal etwas zu gönnen, ist fast unmöglich und das bezieht sich nicht nur auf Materielles. Auch Lob gönnt man sich selbst nicht, spielt herunter, was man kann, und ist Meister darin, sein Licht unter den Scheffel zu stellen.

Menschen mit der Einschärfung »Sei nicht wichtig« haben gelernt, dass sie nicht im Mittelpunkt zu stehen haben. Deshalb fällt es ihnen sehr schwer, es auszuhalten, wenn sie von anderen wichtig genommen werden. Ganz besonders, wenn sie so wichtig genommen werden, dass sie eine öffentliche Würdigung erfahren. Ein für diese Einschärfung »klassischer« Imperativ lautet deshalb auch: »Ich darf auf gar keinen Fall Aufsehen erregen!«, er kann auch die Form »Ich darf mich nicht in den Vordergrund drängen!« annehmen.

Eine sehr kompetente Managerin, die beachtliche Erfolge vorzuweisen hatte, kam ursprünglich ins Coaching, weil sie immer wieder von Zweifeln geplagt wurde, ob sie tatsächlich etwas kann und ob sie gut genug ist für den Job, den die Konzernleitung ihr anvertraut hatte. Welch große Rolle auch die Einschärfung »Sei nicht wichtig« bei ihr spielte, wurde offenbar, als ihre Firma damit »drohte«, dass sie im Rahmen einer großen Veranstaltung einen Preis für ihre Leistungen überreicht bekommen sollte. Der Gedanke, vor aller Augen nach vorn zur Bühne gehen zu müssen, dort im Rampenlicht zu stehen und die gesamte Aufmerksamkeit aller Anwesenden auf sich zu ziehen, war für sie das blanke Entsetzen. Sie hatte gehofft, die Gefahr dadurch abzuwenden, dass einer ihrer Mitarbeiter, den sie dafür vorgeschlagen hatte, den Preis zuerkannt bekam, doch die Firmenleitung signalisierte ihr unmissverständlich, dass sie die Auserwählte sein würde.

Ihr Imperativ forderte von ihr: »Ich darf mich auf keinen Fall in den Mittelpunkt stellen!«, und der Gedanke »Aber ich muss diesen Preis entgegennehmen« löste deshalb unmittelbar einen hohen Alarm bei ihr aus, den sie bei Stufe acht einschätzte. Die Vorstellung, dass vor aller Augen deutlich würde, wie wichtig sie gerade war, verursachte ihr fast Übelkeit. Während der Sitzung schaffte sie es, diesen Alarm bis auf Stufe vier zu reduzieren. Es wurde vereinbart, dass sie allein weiter übte. Dafür nahm sie sich aber, vielbeschäftigt wie sie war, nicht die Zeit. Sie versuchte, die Introvisionsarbeit »so nebenher« in ihr Tagesgeschäft einzubauen. Das heißt, sie dachte an den Satz »Ich muss diesen Preis entgegennehmen« – mit versuchter weit gestellter Aufmerksamkeit beim Zähneputzen oder beim Autofahren oder bei ähnlichen Gelegenheiten. Sie machte die Erfahrung, dass das nichts half. Ihre Aufregung, wenn sie sich die bevorstehende Preisverleihung vorstellte, blieb nach wie vor groß.

Nach dem Hinweis, dass sie sich die Zeit zum richtigen Üben nehmen und sich deshalb täglich zehn Minuten hinsetzen sollte, während sie mit konstatierender Wahrnehmung beobachtete, was für emotionale, körperliche und gedankliche Reaktionen der Satz bei ihr auslöste, setzte sie die Arbeit mit Introvision konsequent und richtig fort. Dadurch gelang es ihr, den inneren Alarm bis auf Stufe eins zu reduzieren. Wie sie hinterher erzählte, konnte sie die Preisverleihung danach sehr gut bewältigen. Sie sei zwar leicht aufgeregt gewesen, aber nicht mehr, als es wohl üblich ist, wenn man vor ein großes Publikum treten muss, um eine Ehrung zu erhalten.

Wenn der Imperativ bei der Einschärfung »Sei nicht wichtig« sinngemäß lautet: »Ich darf mich nicht in den Mittelpunkt/in den Vordergrund stellen«, gehen die den Imperativ bedrohenden Sätze, mit denen man die Introvision durchführen kann, in die Richtung »Es kann sein, dass ich für andere sehr wichtig bin«, »Es kann sein, dass ich im Mittelpunkt stehe« oder »Es kann sein, dass ich gefeiert werde«.

Es kann noch weitere Imperative geben, die zum Inhalt haben, dass man sich selbst zurücknehmen muss, die aber in folgende Richtung gehen: »Ich darf auf keinen Fall etwas für mich selbst fordern!« oder »Ich darf nicht auf meine Leistung hinweisen!« Der für die Introvisionsarbeit hilfreiche Satz lautet demgemäß: »Es kann sein, dass ich etwas für mich selbst fordere« oder »Es kann sein, dass ich auf meine Leistung aufmerksam mache«.

Wenn jemand sich selbst und seine Power sehr stark zurückhält, weil bei ihm oder ihr eine Angst vorhanden ist, entweder die eigenen Grenzen oder die Grenzen anderer Menschen zu überschreiten, kann das ebenfalls eine Folge der Einschärfung »Sei nicht wichtig« sein. In diesem Fall ist es hilfreich, die Introvision mit dem Satz »Es kann sein, dass ich Grenzen überschreite« zu machen. Dieser Satz beinhaltet beides, die eigenen Grenzen und die der anderen. Wir haben die Erfahrung gemacht, dass Menschen, die mit diesem Satz gearbeitet haben, viel an Selbstbewusstsein dazugewonnen haben, weil sie plötzlich die Erkenntnis hatten: »Ja, es kann sein, dass ich die Grenzen anderer Menschen überschreite, aber dann kann man mir das ja einfach mitteilen und dann kann ich darauf reagieren. Ich werde dadurch nicht automatisch zu einem Machtmenschen, der alles um sich herum niederwalzt.« Dieses neue Selbstbewusstsein verhalf ihnen dazu, sicherer aufzutreten, auch einmal etwas für sich zu fordern beziehungsweise Forderungen von anderen abzulehnen. Da die Einschärfung ihre Wirkung verloren hatte, waren sie imstande, ihre eigenen Bedürfnisse so wichtig zu nehmen, wie sie es verdienten.

3. Schaff's nicht/Sei nicht erfolgreich

Eltern, die niemals mit den Leistungen ihres Kindes zufrieden sind, die bereits die ersten Strichmännchen, die gemalt werden, und die ersten Türmchen, die aufeinander gestapelt werden, »korrigieren« – etwa mit den Worten »Nein, so macht man das nicht, ich zeige dir mal, wie das richtig geht!« – legen damit den Grundstein dafür, dass das Kind schon beim Eintritt in die erste Klasse der Grundschule weiß, dass es niemals etwas gut genug macht. Kommt dann noch dazu, dass die Eltern es zum Lernen »ermuntern« wollen, indem sie permanent ihrer Befürchtung Ausdruck verleihen, es könnte in der Schule versagen, schlechte Noten schreiben oder gar sitzen bleiben, hat das Kind irgendwann die Botschaft »Du schaffst es nicht« so verinnerlicht, dass es selbst daran glaubt.

Wer in Kindheit und Jugend permanent mit so niederschmetternden Sätzen konfrontiert wurde wie »Wenn du mal was anpackst, muss es ja schiefgehen!«, »Du stellst dich aber auch immer zu blöd an!« oder »War ja klar, dass du das nicht auf die Reihe kriegst!«, verliert dadurch jeden Glauben an sich selbst. Wer sich der Einschärfung »Schaff's nicht« gefügt hat, schreckt vor jeder neuen Aufgabe, vor jeder neuen Herausforderung zurück, und das brauchen keineswegs schwierige Dinge zu sein. Den Verlust an Vertrauen in die eigenen Fähigkeiten können selbst spätere Erfolge nicht wieder wettmachen: Die eigenen Erfolge werden gar nicht anerkannt, denn dahinter nagt der Zweifel, ob man es nicht noch besser hätte machen müssen oder ob es nicht doch reiner Zufall war, dass man das so gut hingekriegt hat.

Den Glauben an sich und ihre Fähigkeiten können auch solche Kinder verlieren, die überängstliche Eltern haben. Eltern, die immer das Schlimmste befürchten und das Kind deshalb vor jeder Erfahrung, die »böse enden könnte«, bewahren wollen, sagen dem Kind in Wirklichkeit: »Wir trauen dir nicht zu, dass du das schaffst! Wir halten dich für unfähig, etwas auch nur entfernt Schwieriges zu bewältigen!« Und diese Botschaft kommt an.

Höchstwahrscheinlich macht jedes Kind irgendwann einmal die Erfahrung, dass es etwas nicht schafft, obwohl die Umgebung und auch es selbst sich das zugetraut haben. Doch es ist etwas völlig anderes, ob das mal passiert – und dann vielleicht kommentiert wird mit: »Beim nächsten Mal klappt es bestimmt!« – oder ob dem Kind in die Seele gebrannt wird, dass es ein Versager ist.

Wenn ein Erwachsener sein Leben unbewusst so organisiert, dass immer wieder Misserfolge dabei herauskommen, sobald er etwas anpackt, kann man fast sicher sein, dass eine »Schaff's nicht«- Einschärfung dahinter steckt. Von ihrer subjektiven Warte aus gesehen haben sie selbst oft den Eindruck, »dass es halt blöd gelaufen ist«, aber wenn man die Angelegenheit genauer untersucht, haben sie aktiv eine ganze Menge dazu beigetragen, dass es zu einem Fehlschlag gekommen ist.

Menschen, die immer wieder scheitern, weil sie immer wieder die gleichen Fehler machen, obwohl sie genügend Intelligenz besitzen, um erkennen zu können, was sie selbst verändern müssten, leiden an einem typischen Verlierer-Skript. So war zum Beispiel ein sehr intelligenter und fähiger Mitarbeiter, der als Quereinsteiger in seine Firma kam, weil er sein Studium geschmissen hatte, für seinen Chef schließlich nicht mehr tragbar, weil es dem Mitarbeiter nicht gelang, seine berüchtigte »Schusseligkeit« in den Griff zu bekommen. Man hatte ihm von Seiten der Firma alles an Unterstützung angeboten, was denkbar war, um sein Terminchaos zu beenden, doch immer wieder »vergaß« er, Termine einzutragen, die er aus diesem Grund dann auch nicht einhalten konnte, was ihm bei den Kunden der Firma den Ruf großer Unzuverlässigkeit einbrachte. Das färbte natürlich auf das Ansehen der Firma ab, weshalb sich der Chef letzten Endes gezwungen sah, sich von diesem Mitarbeiter zu trennen – der eigentlich sehr erfolgreich hätte sein können, es eine Zeit lang auch gewesen war, sich aber dann selbst die Knüppel zwischen die Beine warf, über die er schließlich stolperte. Ganz augenscheinlich fehlte ihm die innere Erlaubnis, dauerhaft Erfolg zu haben, also folgte er seinem Skript und organisierte sehr gekonnt nicht seine Termine, sondern sein Scheitern. Hier lässt sich exemplarisch beobachten, dass jemand trotz vorhandener großartiger Fähigkeiten sein Leben in einer Weise formt, dass jede Unternehmung mit einem Fiasko endet. Freunde oder andere Außenstehende können oft nur ratlos zusehen, wie jemand zielsicher das Falsche tut, um am Ende als Verlierer dazustehen. Aber er hat sich erfolgreich sein Skript bewiesen!

Menschen mit einem »Schaff's nicht«-Skript können allerdings trotzdem außerordentlich erfolgreiche Erwachsene werden, wenn sie sich entschieden haben, ihren Eltern und aller Welt zu beweisen, dass sie eben keine Versager sind. Nur sich selbst können sie von dieser Tatsache niemals ganz überzeugen. Aus diesem Grund hetzen sie von Erfolg zu Erfolg. In ihrem Streben nach Höchstleistung wirken sie manchmal fast, als wären die Höllenhunde hinter ihnen her. In ihrem Innern sind sie voller Zweifel an ihren Fähigkeiten und häufig findet man bei ihnen den Glauben: »Irgendwann wird die Welt mich als den Hochstapler entlarven, der ich in Wirklichkeit bin!« Obwohl sie kontinuierlich über Jahre hinweg einen Erfolg nach dem anderen produzieren, sind sie innerlich davon überzeugt, »eigentlich« nichts zu können.

Dieser in der Kindheit erworbene Glaube, »eigentlich« ein Versager zu sein, quält sie so sehr, dass sie sich unentwegt anstacheln, von einem Erfolg zum nächsten zu hecheln. Sie gehen genauso schnell auf ihr anvisiertes Ziel zu, wie Menschen, die aus Freude an ihren Projekten viel arbeiten, doch während jene von ihrem sie begeisternden Ziel gezogen werden, werden die anderen gejagt von der bissigen Dogge Angst – Angst vor einem Misserfolg, der für alle Welt augenscheinlich machen würde, was für jämmerliche Nichtskönner sie »in Wirklichkeit« sind. Wer sich so seinem »Schaff's nicht«-Skript entgegenstemmt, ist genauso wenig frei davon wie der Erfolglose, der die damit verbundenen Glaubenssätze auslebt.

Bei der »Schaff's nicht«-Einschärfung gibt es außerdem die Variante, dass sich die Einschärfung nur auf einen Teilbereich des Lebens bezieht, während der Mensch sich andere Gebiete errungen hat, in denen er sich sicher fühlt. Das ist zum Beispiel der Fall, wenn sich die Einschärfung auf den beruflichen Erfolg bezieht, derjenige aber vielleicht in irgendeiner Sportart hervorragende Leistungen erbringt. Oder jemand bremst sich selbst komplett aus mit dem Gedanken, dass er einfach unfähig ist, mit Computern umzugehen, aber weiß, dass Sprachen lernen ihm sehr leichtfällt. Dann spricht er vielleicht mühelos fünf Fremdsprachen, schaltet sein Gehirn aber aus, wenn er lernen soll, am Computer zu arbeiten.

Besonders gravierend wirkt sich die Einschärfung aus, wenn die Menschen einerseits entmutigt wurden, Erfolg zu haben, weil sie immer wieder die sinngemäße Botschaft »Das schaffst du sowieso nicht!« erhielten, sie andererseits aber unter einem extrem hohen Erwartungsdruck standen, erfolgreich zu sein, weil sie entweder die Erfahrung gemacht hatten oder aber befürchteten, abgelehnt zu werden, wenn ihnen das nicht gelänge. In solchen Situationen entsteht ein Imperativ, der später immer dann wieder zur Geltung kommt, wenn es darum geht, Leistung zu erbringen oder an der eigenen Leistung gemessen zu werden. Der Imperativ fordert: »Es darf auf gar keinen Fall passieren, dass ich scheitere.« Mit diesem Imperativ verbunden ist ein Alarm, der laut schrillt, sobald es um Leistungs-Situationen geht. Das können zum Beispiel Prüfungen sein, es kann aber auch sein, dass dieser Alarm schon anspringt, wenn jemand etwas Neues anpacken will oder soll. Gerade bei neuen Aufgaben kommen dem Betroffenen sofort Zweifel, ob er das überhaupt packt. Und diese Zweifel sind nicht einfach Bedenken, die sich auf gedanklicher Ebene abspielen, sondern sie sind begleitet von Aufregung, einer inneren Schreckreaktion. Dies ist ein verlässliches

Zeichen dafür, dass der innere Alarm am Werk ist und derjenige angesichts der neuen Aufgabe die Auswirkungen seiner Stresshormone erlebt.

Nun könnte man die Angst vor dem Scheitern fast einen »Klassiker« nennen, denn sie ist etwas, mit dem vermutlich fast jeder Mensch im Laufe seines Lebens einmal konfrontiert wurde. Trotzdem gibt es Menschen, die weniger Schwierigkeiten damit haben als andere. Sie stürzen sich in neue Unternehmungen oder in schwierige Aufgaben, ohne sich von dem Gedanken, dass das auch schief gehen könnte, blockieren zu lassen. Sie sind offenbar frei von den Imperativen, die bei den anderen mehr oder weniger viel Stress verursachen.

Der Imperativ »Es darf auf gar keinen Fall passieren, dass ich scheitere« ist meist recht leicht zu identifizieren, weil er eben mit jenen schon genannten inneren Zweifeln verbunden ist oder aber auch mit dem Gefühl von Überforderung. Wenn man etwas tiefer nachforscht, was an der bevorstehenden Prüfung oder an der neuen Aufgabe das eigentlich Schwierige ist, stößt man sehr schnell auf Sätze wie »Ich weiß nicht, ob ich es schaffe« oder »Es wäre zu peinlich, wenn ich es nicht schaffe!«

Es ist jedoch keineswegs so, dass Menschen mit einem solchen Imperativ automatisch zu den »Verlierertypen« zählen, die nichts auf die Reihe bekommen. Man findet diesen Imperativ auch bei den Erfolgreichen, die, wie wir das schon geschildert haben, getrieben werden von ihrer Angst zu scheitern. Sie sind erfolgreich, weil der Imperativ »Es darf auf keinen Fall passieren, dass ich versage!« sie vorwärts treibt und immer wieder zu Höchstleistungen anspornt. Höchstleistungen, mit denen sie selbst aber nie zufrieden sind, weil im Hintergrund immer die Angst lauert, sie könnten eines Tages von ihrer Umgebung als die »Blender« oder »Hochstapler« entlarvt werden, als die sie selbst sich fühlen. Sie stehen eigentlich dauernd unter Stress, weil der Alarm, der durch ihren Imperativ ausgelöst wird, sehr häufig anspringt. Das kostet unglaublich viel Energie und macht ihnen das Leben schwerer als es sein müsste. Dabei ist das Leben ohnehin schwer genug, wenn man gewaltige Arbeitsmengen bewältigt und viel Verantwortung trägt – auch ohne diese psychische Belastung. Deshalb kann es auch für die Erfolgreichen eine große Erleichterung sein, mit Introvision an ihren Imperativen zu arbeiten, um sich von ihrem Stress zu entlasten.

Wie sich eine solche Arbeit auswirken kann, zeigt das Beispiel einer Managerin, die die Verantwortung für ein Teilunternehmen ihres Konzerns trug. Sie machte ihre Arbeit sehr gut, verspürte persönlich auch nicht allzu viel Stress, ließ sich aber trotzdem durch ein Coaching begleiten. In diesem Coaching wurde deutlich, dass sie trotz aller Erfolge immer wieder dazu neigte, sich selbst in inneren Dialogen abzuwerten. Sie zweifelte immer wieder an sich selbst, machte sich kleiner als sie eigentlich war, redete ihre Erfolge klein und war mit sich unzufrieden. Die Nachfragen im Coaching brachten zu Tage, dass man ihr in der Kindheit wenig zugetraut hatte, besonders der Vater hielt nicht viel von ihr, sodass sie die Einschärfung »Sei nicht erfolgreich« durchaus verinnerlicht hatte. Darüber zu sprechen, löste bei ihr sehr schnell eine starke emotionale Reaktion aus und sie erkannte, dass sie sich andauernd mit dem Imperativ »Es darf auf keinen Fall passieren, dass ich bei meinen Aufgaben versage!« unter Druck setzte. Nach der Introvisionsarbeit erlebte sie eine zuvor nie gekannte Gelassenheit und sie hatte plötzlich viel mehr Energie zur Verfügung.

Gerade in einer so hochkarätigen Stellung wie der ihren ist Gelassenheit von besonderer Bedeutung. Aus der Stressforschung ist seit Langem bekannt, dass Stress dazu führt, dass die Entscheidungsfähigkeit herabgesetzt wird. Unter dem Einfluss von Stresshormonen fällen Menschen schlechtere Entscheidungen, als wenn sie entspannt sind. Von daher ist es nicht nur für den Betroffenen, sondern für alle Mitarbeiter und die Firma von Vorteil, wenn der Chef mehr Gelassenheit sein Eigen nennt.

Bei der Introvisionsarbeit mit der Einschärfung »Sei nicht erfolgreich« ist es besonders wichtig, genau auf die Formulierung zu achten, die man für den bedrohenden Satz benutzt. Es kommt vor, dass bei jemandem zum Beispiel der Satz »Es kann sein, dass ich scheitere« gar nichts auslöst, während er auf den Satz »Es kann sein, dass ich versage« sofort eine heftige Alarmreaktion erlebt, und umgekehrt. Man sollte also sehr genau überprüfen, welche Variation des Satzes »Es kann sein, dass ich es nicht schaffe« die richtige ist, um den Imperativ aufzulösen. Dass die Arbeit mit dem Imperativ »Es darf nicht passieren, dass ich scheitere!« auch für einen Erfolgreichen wichtig sein kann, möchten wir mit einem weiteren Beispiel demonstrieren. Es geht dabei um einen Manager, der in der Industrie schon große Projekte bewältigt hatte und dabei noch nie die Erfahrung des Scheiterns gemacht hatte. Nun hatte er ein neues, umfangreiches Projekt übernommen und fühlte sich plötzlich an seine persönliche Grenze geführt. Rational war ihm durchaus klar, dass sich für ihn kein wirkliches Problem ergeben würde, selbst wenn er das Projekt in den Sand setzen sollte. Da er bislang so hervorragend gearbeitet hatte, würde ihn sein Arbeitgeber vermutlich kaum wegen eines einzigen Fehlschlages entlassen. Aber selbst wenn doch, würde er aufgrund des ausgezeichneten Rufs, den er in der ganzen Branche besaß, höchstwahrscheinlich im Nu einen neuen Arbeitsplatz finden. Außerdem verfügte seine Familie über ausreichend finanzielle Mittel, um auch längere Zeiten ohne Einkommen gut zu überstehen.

Trotzdem war der Imperativ »Es darf auf gar keinen Fall passieren, dass ich bei diesem Projekt versage!« bei diesem Manager so ausgeprägt, dass ihm der Gedanke an das neue Projekt nächtelang den Schlaf raubte und er an den Wochenenden schon einige Panikattacken durchlitten hatte. Er fühlte sich, als stünde er kurz vor einem Burn-out. Lange versuchte er immer wieder, sich zu beruhigen oder seine Angst »wegzuanalysieren«. Im Coaching, das er schließlich in Anspruch nahm, war gleich die erste Arbeit, bei der er sich mit Hilfe der Introvision seiner Angst vor dem Scheitern stellte, für ihn ganz entscheidend, denn sie führte dazu, dass er erstmals seit Wochen wieder schlafen konnte, und sein Stress erheblich nachließ.

Welche fast unglaublichen Auswirkungen Stress haben kann, der auf der Angst beruht, nicht erfolgreich zu sein, zeigt das nächste Beispiel. Es handelt sich dabei um eine Managerin, die, bevor sie ins Coaching kam, seit mehr als einem Jahr unter heftigsten Rückenschmerzen gelitten hatte. Sämtliche Mediziner, die sie aufsuchte, hatten sich als unfähig erwiesen, ihre Leiden zu lindern. Ihre Schmerzen waren so groß, dass sie bereit war, sich auf die zum Teil haarsträubenden Maßnahmen einzulassen, die die Ärzte ihr antrugen. Sie ließ sich zum Beispiel sämtliche Zähne ziehen, weil einer der Ärzte vermutete, dass es durch eine Fehlstellung der Zähne zu einer Veränderung des Kiefers und in Folge zu einer Verspannung der Rückenmuskulatur gekommen sei.

Als das nichts half, ließ sie sich auf Anraten eines anderen Arztes die Gebärmutter entfernen, weil die in seinen Augen ursächlich für ihre Schmerzen war. Das half jedoch ebenfalls nichts und so entschloss sie sich zu guter Letzt zu einem Coaching. Dabei stellte sich auf die einfache Frage, ob es denn viel Stress in ihrem Leben gäbe, heraus, dass sie sich sowohl von ihrem neuen Job als auch von dem neuen Projekt, mit dem sie betraut worden war, hoffnungslos überfordert fühlte, was ihr jede Menge Stress verursachte. Dass zwischen Stress und Rückenschmerzen häufig ein Zusammenhang besteht, ist wahrhaftig keine neue Erkenntnis, scheint den Ärzten dieser bedauernswerten Frau aber doch entgangen zu sein.

Auch bei ihr kam auf Nachfrage sofort der Imperativ »Es darf auf keinen Fall passieren, dass ich scheitere« zu Tage. Die Arbeit an diesem Imperativ hat bereits nach einer Sitzung und anschließendem Üben zu Hause dazu geführt, dass sie sich ihrem Projekt wieder gewachsen fühlte. Das hatte zur Folge, dass sie aufhörte, sich deswegen verrückt zu machen. Sie schleppte nicht mehr ihre ganze Arbeit am Abend mit nach Hause und ließ am Wochenende den Laptop in der Firma. Ihre Rückenschmerzen erfuhren eine deutliche Besserung.

Da es, wie gesagt, auch unter den Erfolgreichen, die einen tollen Job machen, recht viele Angstgetriebene gibt, kann unserer Erfahrung nach die Arbeit mit dem Imperativ »Ich darf auf keinen Fall scheitern« sowohl für die Erfolgreichen sehr entlastend sein, als auch für Menschen, die gerade tatsächlich ein Scheitern hinter sich haben.

4. Zeig keinen Ärger

Diese Einschärfung wird meist von jenen Eltern an die Kinder weitergegeben, die selbst auch keine innere Erlaubnis besitzen, Ärger zu äußern. Dass ein Kind seinen ärgerlichen Gefühlen unverhohlen Ausdruck gibt, dass es wütend oder zornig ist, ist für sie deshalb inakzeptabel. Also wird das Kind für jede solche Äußerung bestraft, meist mit Liebesentzug. Für das Kind heißt das erstens, dass Ärger zeigen mit sehr unangenehmen, emotional schmerzhaften Konsequenzen verbunden ist, weshalb es mehr oder weniger schnell lernt, dass es Ärger besser nicht äußert. Es heißt aber zweitens auch, dass das Kind kein Modell besitzt und deshalb nicht lernen kann, wie man als Erwachsener Ärger in angemessener Weise zum Ausdruck bringt.

Das wird noch durch folgenden Mechanismus verstärkt: Keinen Ärger zu zeigen, bedeutet ja mitnichten, dass man auch niemals welchen empfindet. Wer seinen Ärger aber immer hinunterschluckt, steht wahrscheinlich eines Tages so unter Druck, dass eine Kleinigkeit genügt, und er geht in die Luft. Der angestaute Ärger entlädt sich völlig unangemessen, mit der Folge, dass man einen neuen Beweis dafür hat, wie berechtigt der Glaubenssatz ist: Ärger ist etwas so Schlimmes, den lässt man besser nie nach außen kommen.

Einem Menschen, der nie gelernt hat, Ärger in angemessener Weise in sein Verhaltensrepertoire zu integrieren, fehlt ein wesentliches Ausdrucksmittel. Denn auch Ärger wird im täglichen Leben durchaus gebraucht, nur nicht als der Wutanfall, sondern als Möglichkeit, sich gegen Übergriffe abzugrenzen und seine berechtigten Interessen durchzusetzen. Wer jedoch nicht gelernt hat, wie man angemessen und im richtigen Verhältnis zum Anlass seinen Ärger äußert, wird immer wieder in die Falle laufen, so lange seinen Ärger zu unterdrücken, bis er schließlich überkocht, wofür er sich hinterher gewaltig schämt und seine Einschärfung bestätigt sieht, dass es einfach nicht angeht, seinen Ärger rauszulassen.

Manche Beziehungen sind schon auf eine harte Probe gestellt worden, weil jemand wegen einer augenscheinlichen Kleinigkeit komplett aus der Haut gefahren ist. Seinen Ärger nicht zu zeigen, heißt ja wie gesagt keineswegs, auch keinen zu empfinden. So kann es durchaus geschehen, dass jemand sich lange Zeit über irgendein Verhalten beim anderen ärgert, ohne dass der auch nur die geringste Ahnung davon hat. Also wird er sein Verhalten immer wieder zeigen und der andere wird sich immer wieder darüber ärgern, bis ihm schließlich eines Tages der Geduldsfaden reißt und er den angesammelten Ärger auf einmal über den anderen ausschüttet.

Das kann so aussehen, dass man recht lautstark wird, kann aber auch die Form annehmen, dass man sehr bissig oder ironisch abwertend wird. Diese Reaktion ist für den Anlass viel zu heftig, sodass der andere mit Recht empört ist, dass wegen einer solchen Kleinigkeit so ein Getöse gemacht wird. Es gibt jede Menge negatives Feedback für dieses unangemessene Verhalten, was dem Menschen, der das Verbot, seinen Ärger zu zeigen, verinnerlicht hat, ein weiteres Mal sein Skript bestätigt: Ärgerlich zu werden ist wirklich inakzeptabel. Also wird er in Zukunft versuchen, sein »Ärgerreservoir« noch größer zu machen, sodass mehr Ärger hineinpasst und er noch länger durchhält, seinen Ärger zu unterdrücken – so lange, bis der nächste Ausbruch fällig ist. Das ist ein Kreislauf, der sich selbst aufrechterhält und den man nur unterbrechen kann, wenn man lernt, seinen Ärger in angemessener Form zu äußern.

Die Einschärfung zeigt sich an Imperativen, die sinngemäß verlangen: »Es darf auf gar keinen Fall passieren, dass ich wütend werde!« Manchmal deckt sich der Imperativ aber auch fast wörtlich mit der dazugehörigen Einschärfung und lautet: »Ich darf auf gar keinen Fall meinen Ärger äußern!« Beispielhaft zeigt das die Arbeit mit einem Klienten, der sehr viel inneren Stress erlebte, weil er sich nicht durchsetzen und seine Interessen nicht vertreten konnte. Er hatte Mühe, sich klar abzugrenzen und offen seine (konträre) Meinung zu äußern. Sobald er spürte, dass Streit in der Luft lag, fühlte er sich unwohl. Er war sehr vorsichtig im Umgang mit anderen Menschen, weil er immer in Sorge war, er könnte womöglich ihre Grenzen überschreiten oder sie gar verletzen, woraus sich dann Streit oder Ärger entwickeln könnten. In der Folge hatte er zum Beispiel Probleme damit, Reklamationen durchzusetzen, sich gegen unliebsame Zeitgenossen zu wehren oder unzulässige Forderungen von Kollegen zurückzuweisen.

Der Klient erzählte, dass er in einer Familie aufgewachsen war, in der Ärger und Aggression praktisch ein Tabu-Thema waren. Seine älteren Geschwister berichteten ihm zwar voller Ehrfurcht von »fürchterlichen« Jähzornes-Ausbrüchen des Vaters in früheren Jahren, er selbst hatte diese aber nie miterlebt, weil der Vater gelernt hatte, seinen Jähzorn unter Kontrolle zu bringen. Bei dem Familienleben, das der Klient kannte, wurde jeder Ärger sorgfältig unter den Teppich gekehrt und wenn er selbst einmal seinem kindlichen Unmut Luft machte, wurde das sofort sanktioniert. So lernte er ziemlich schnell, dass man mit Missachtung und Liebesentzug bestraft wurde, wenn man ärgerlich war – etwas, das also tunlichst zu vermeiden war.

Auf diese Weise gelang es ihm nicht, eine vernünftige Einstellung zu Ärger zu entwickeln und Möglichkeiten zu finden, wie man ihn adäquat äußert. Stattdessen lebte er in der Angst, er könne womöglich genauso »schrecklich« jähzornig werden, wie es der Vater einmal war. Seine Horrorfantasie war, er könne die Kontrolle verlieren, wenn er seinen Ärger zuließe und dabei die Grenzen anderer Menschen verletzen. Bei der Arbeit mit Introvision war sehr schnell klar, dass sein Haupt-Imperativ lautete: »Ich darf auf gar keinen Fall Ärger zeigen.« Damit verbunden waren die Imperative »Ich darf die Grenzen anderer Menschen nicht überschreiten« und »Ich darf mich nicht deutlich und klar gegen andere Menschen abgrenzen«.

Wer die Einschärfung »Zeig keinen Ärger« verinnerlicht hat, dem fällt es zunächst unendlich schwer, Introvision zu üben mit dem Satz »Es kann sein, dass ich total wütend werde.« Dieser Satz, oder die jeweils passende Variation dieses Satzes, führt augenblicklich zu einem hohen Alarm. Ist der Imperativ jedoch erst einmal gelöscht, stellt es gar kein Problem mehr dar, seinen Ärger in angemessener Form und zum richtigen Zeitpunkt zum Ausdruck zu bringen. Damit ist auch die Gefahr gebannt, dass der Ärger als Wutanfall aus einem herausbricht, ohne dass irgendjemand versteht, wieso und weshalb es jetzt zu diesem Donnerwetter gekommen ist.

Wie selbstverständlich es geworden ist, den eigenen Ärger sofort loszuwerden und das in einer Art und Weise, die der andere dann meist auch versteht, merken die Betroffenen häufig erst hinterher, wenn sie auf Befragen darüber nachdenken, was sich in ihrem Verhalten verändert hat. Erst dann nehmen sie überrascht zur Kenntnis, wie leicht es ihnen plötzlich fällt, ohne großes Theater zu sagen: »Es stört mich, wenn du dies oder jenes machst!«, oder: »Es ärgert mich, wenn du so etwas einfach behauptest.« – Kleinigkeiten, die sie vorher so lange hinuntergeschluckt haben, bis sie sich zu einem großen Berg aufgetürmt hatten.

Wenn man gelernt hat, dass es vollkommen in Ordnung ist, ärgerlich zu sein, solange man den Ärger in angemessener Form an den Mann bringt, erlebt man für gewöhnlich auch einen Zugewinn an Selbstbewusstsein. Erkennbar ist das daran, dass es einem leichter fällt, zum Beispiel etwas für sich selbst zu fordern. Das lässt sich einfach nachvollziehen, wenn man sich klarmacht, dass Ärger im Grunde genommen der emotionale Wunsch nach Veränderung einer unbefriedigenden Situation ist – und eine Forderung geht in die gleiche Richtung: Man will eine unbefriedigende Situation verändern. Wenn man seine Unzufriedenheit mit einer Situation, die man so nicht haben will, nicht länger unterdrückt, nur weil der Gedanke, sich dagegen zu wehren, einen Alarm auslöst, und man den entsprechenden Imperativ gelöscht hat, besitzt man plötzlich die Durchsetzungskraft, die man sich vorher nicht zugestanden hat.

5. Denk nicht

Unter der Einschärfung »Denk nicht« leiden besonders häufig ziemlich intelligente Menschen, die bei sehr viel weniger intelligenten Eltern aufgewachsen sind, denen auch die rasche Auffassungsgabe ihrer Kinder fehlt. Die Kinder verstecken ihre Intelligenz und ihr Denkvermögen, weil sie schnell gelernt haben, dass es nur negative Folgen hat, wenn sie gescheiter sind als Mutter oder Vater. Viele Eltern fühlen sich sehr wohl damit, wenn sie ihren Kindern die Welt erklären können, denn es bestätigt sie in ihrem Selbstbewusstsein. Mit Kindern, die gescheiter sind als man selbst, geht das aber schnell schief. Zum Beispiel, wenn die Eltern eine Weisheit vom Stapel lassen, von der das Kind weiß, dass sie falsch ist, weil es in der Schule etwas anderes gelernt hat. Korrigiert so ein Erst- oder Zweitklässler daraufhin die Erklärung von Mutter oder Vater, ist das gerade für Eltern, die es nötig haben, andere klein zu machen, um sich selbst größer zu fühlen, wie ein Angriff auf das eigene Wertgefühl. Sie fühlen sich in Frage gestellt und reagieren deshalb massiv auf die »Besserwisserei« ihres Kindes.

Unsichere Eltern, ein Vater, der sich als Versager fühlt, oder eine Mutter, die Angst hat, ihr Kind zu verlieren, wenn sie mit seinen geistigen Höhenflügen nicht mithalten kann, verspotten das Kind oder machen es lächerlich, wenn es mit seinen »klugen Sprüchen« kommt. Um ihre eigene Unsicherheit zu bewältigen, werten sie das Kind ab, aber sind aufmerksam und liebevoll, wenn sie dem Kind mit scheinbar überlegenem Verstand etwas erklären.

Das tatsächlich kluge Kind lernt auf diese Weise schnell, dass es zu Hause angenehmer zugeht, wenn es mit seiner Intelligenz hinter dem Berg hält und Vater oder Mutter mit möglichst dummen Fragen Gelegenheit gibt, zu brillieren. Dieses Verhalten verselbständigt sich so, dass der Mensch sich das Denken schließlich tatsächlich abgewöhnt und in Panik gerät, wenn er zum Beispiel etwas Neues lernen soll. Er redet sich so lange selbst ein, blöd zu sein, nichts zu kapieren, sich Dinge nicht merken zu können, bis er wie gelähmt ist und wirklich nichts zuwege bringt. Bei einem Erwachsenen mit der Einschärfung »Denk nicht« zieht es sich wie ein roter Faden durch das Berufsleben, »blöde Fragen« zu stellen. Immer wieder vergewissert er sich über Dinge, die er längst auswendig wissen müsste. Er nervt sein Umfeld mit seiner vermeintlichen Begriffsstutzigkeit. Unbewusst kaschiert er damit seine Intelligenz und Kompetenz, die aus diesem Grund weder von ihm noch von seiner Umgebung wahrgenommen werden.

Bei dieser Einschärfung steckt der Imperativ bereits im Namen: »Denk nicht!« Er äußert sich natürlich selten in dieser gedrängten Form, sondern hört sich häufig so an: »Ich darf meine Intelligenz nicht herauskehren« oder »Ich darf nicht mit (klugen) Fragen nerven«. In der Introvision kann man mit imperativbedrohenden Sätzen arbeiten, die etwa lauten: »Es kann sein, dass ich durch meine Intelligenz auffalle« oder: »Es kann sein, dass meine Intelligenz bemerkt wird«. Diese vermeintlich so harmlosen wie positiven Sätze können im Falle dieser Einschärfung tatsächlich einen Alarm auslösen, weil jemand mit der Einschärfung »Denk nicht« im Laufe seiner Lebensgeschichte das Auffallen mit Intelligenz mit unangenehmen Konsequenzen verbunden hat, die er kein weiteres Mal erleben wollte.

6. Zeig keine Gefühle

Kinder sind emotional und bringen ihre Gefühle ungehemmt zum Ausdruck – aber man kann auch einem noch so gefühlsbetonten Kind beibringen, seine positiven und negativen Gefühlsregungen für sich zu behalten, wenn man sie entsprechend zensiert. Wenn das Kind nicht getröstet wird, sobald es Trauer empfindet, wenn seine Zärtlichkeiten abgewehrt werden, wenn sein Ärger mit kühlem Unmut gerügt wird, wenn die Beziehung der Eltern zum Kind zwar nicht unfreundlich ist, sich aber doch hauptsächlich auf der rationalen Ebene abspielt, lernt es schon in jungen Jahren, dass es ihm besser geht, wenn es seine Gefühle möglichst total unter Kontrolle hat. Dann kommt es am besten mit Eltern klar, die höchstwahrscheinlich ebenfalls an der Einschärfung »Zeig keine Gefühle« leiden. Deshalb können sie so schlecht mit den Gefühlen ihrer Kinder umgehen – die Gefühle der Kinder könnten ja ihre eigenen Emotionen hochbringen, das löst Angst aus. Also bringen sie ihren Kindern bei, ihre Gefühle nicht zuzulassen.

Dieser Lernprozess ist so erfolgreich, dass der Mensch häufig fast keinen Zugang mehr zu seinen Gefühlen hat – er hat sie so gründlich unterdrückt, dass er sie im Normalfall gar nicht mehr wahrnimmt. Das hat ihm bei seinem Lernprozess auch geholfen, denn zu fühlen, das aber nicht ausdrücken zu dürfen, ist eine schmerzhafte Angelegenheit. Ein Kind, das seine Eltern liebt, wie alle Kinder das normalerweise tun, von den Eltern aber nur emotionale Kälte zurückbekommt, erleidet Schmerz. Und es erleidet auch Schmerz, wenn es in gefühlsmäßigen Notlagen wie Trauer, Angst oder Wut überhaupt nicht gewürdigt wird. Einen solchen Schmerz erspart sich das Kind, wenn es sich von seinen Emotionen abschneidet. Der Erwachsene spürt seine Gefühle dann später erst, wenn sie ihn zu übernmannen drohen – und das macht ihm Angst. Er fürchtet, von dieser Gefühlswelle überflutet zu werden und sieht sich bestätigt in seiner unbewusst erworbenen Haltung, dass Gefühle etwas Bedrohliches sind, dem man besser aus dem Weg geht.

Ein Mensch mit der Einschärfung »Zeig keine Gefühle« versucht, sein Leben mit Verstand und Logik zu meistern, was ihm auf der Beziehungsebene aber regelmäßig Schwierigkeiten einbringt – es sei denn, er hat sich einen ähnlich kühlen Partner gesucht. Das gelingt jedoch den wenigsten, denn meistens fühlen diese Personen sich gerade von sehr warmherzigen Menschen angezogen, wahrscheinlich weil sie genau spüren, dass die etwas haben, was ihnen zu fehlen scheint.

Tatsächlich fehlt ihnen natürlich in der Hauptsache die innere Erlaubnis, Gefühle zu empfinden und sie auch zu äußern. Denn meist existiert neben der Angst vor den Gefühlen selbst auch noch die Befürchtung, was passieren könnte, wenn man sich öffnet. Schließlich steckt einem die jahrelange Erfahrung in den Knochen, dass man nicht akzeptiert wird, wenn man seine Gefühle offen zeigt. Dank dieser Erfahrung haben Menschen mit der Einschärfung »Zeig keine Gefühle« auch nie gelernt, Gefühle sprachlich differenziert zu fassen. Wie auch – wenn man immer nur damit beschäftigt ist, jede unangenehme innere Regung zu unterdrücken, macht man sich nicht die Mühe, genau herauszufinden, ob das Enttäuschung, Verletztheit, Ärger oder Abneigung ist, was man gerade spürt, sondern man tut innerlich alles als »hysterisch« ab und zwingt sich, »rational« zu bleiben.

Da die »Rationalen« als kleine Kinder schon gelernt haben, ihre Gefühle zu unterdrücken, konnten sie gar kein Sprachrepertoire entwickeln, um ihren Gefühlen Ausdruck zu verleihen. Wenn man sie fragt, wie sie sich zum Beispiel in einer bestimmten Situation gefühlt haben, haben sie häufig genau drei Begriffe zur Auswahl: »gut«, »schlecht« oder »komisch«.

Um eine größere sprachliche Bandbreite zu erwerben, hätten sie von den Eltern hören müssen, wie man das nennt, was da gerade mit ihnen passiert. Ein Kind, das einen emotionalen Ausbruch hat, muss, um das selbst einordnen zu können, von den Eltern hören: »Warum bist du denn so traurig?«, oder: »Sei doch nicht so wütend«, oder: »Ich verstehe, dass du jetzt enttäuscht bist«, um selbst die Sprache dafür zu entwickeln, mit der es seine inneren Vorgänge benennen kann.

Ein Erwachsener, der das nicht gelernt hat, ist schlicht überfordert damit, wenn er seine Gefühle differenziert benennen soll. Er braucht dann die Angebote seines Gesprächspartners, um herauszufinden, was genau er fühlt. Man kann ihm zum Beispiel den Weg ebnen mit Vorschlägen wie: »Ich an deiner Stelle wäre in einer solchen Situation total enttäuscht gewesen«, oder: »Warst du da nicht wütend und frustriert, als du das gehört hast?« Mit dem Abwägen, welche Reaktion genau sich bei ihnen abgespielt hat, fällt es den Menschen leichter, den richtigen sprachlichen Ausdruck für ihr Gefühl zu finden.

Vielleicht ist die Einschärfung »Zeig keine Gefühle« ein Grund dafür, weshalb so manche Männer Mühe haben, über ihre Gefühle zu sprechen. Sie haben in der Kindheit gelernt, ihre Gefühle eher zu unterdrücken und besitzen als Erwachsene gar keine verbalen Mittel, um auszudrücken, was in ihrem Inneren passiert. Wenn sie von der Partnerin dann immer wieder gefragt werden, wie sie sich in einer bestimmten Situation gefühlt haben oder was sie dabei empfinden, wenn dieses oder jenes passiert, reagieren sie leicht genervt oder gereizt – weil sie einfach nicht wissen, wie sie antworten sollen. Statt weiter zu fragen, bis der vermeintliche Stockfisch mit einem »Lass mich doch in Ruhe« die Kommunikation ganz abbricht, könnte die Partnerin es ja einmal damit versuchen, ihm Angebote zu machen, um ihm zu helfen, die Sprachbarriere zu überwinden. Sie könnte also zum Beispiel fragen: »Hat dich das nicht stinksauer gemacht?«, um ihn zum Nachspüren zu ermuntern, was genau er fühlt. Oder sie könnte sagen: »So etwas zu hören, hätte mir sehr weh getan!«, um ihn zu ermutigen, solche »unmännlichen« Gefühlsregungen einmal zu erkunden.

Menschen mit der Einschärfung »Fühl nicht« sind wie gesagt von Jugend an darin trainiert, ihre Gefühle zu unterdrücken. Damit verbunden hat sich auch Angst vor Gefühlen entwickelt, was zu einem Imperativ geführt hat, der sinngemäß lautet: »Ich darf auf gar keinen Fall die Kontrolle verlieren!« Da jemand mit der Einschärfung »Fühl nicht« keine Erfahrung damit hat, wie man mit Gefühlen umgeht, besteht die Hauptangst darin, nicht mehr Herr seiner selbst zu sein, die rationale Entscheidungsfähigkeit zu verlieren, nicht mehr die Lage zu beherrschen. Dahinter steckt die unbewusste Furcht, dass Gefühle, wenn sie doch einmal die Oberhand gewinnen, wie eine Welle über einen hinweg rollen und alles mit sich reißen.

Um den Imperativ aufzulösen, braucht es letztlich den Satz »Es kann sein, dass ich die Kontrolle verliere«, in der individuellen Form, die für den Betroffenen die richtige ist. Gerade bei dieser Einschärfung ist es jedoch meistens wichtig, langsam und behutsam vorzugehen, denn die Angst ist natürlich erst einmal groß, auch während der Arbeit mit Introvision die Kontrolle zu verlieren. Daher empfiehlt es sich, nicht gleich mit dem schwierigsten Imperativ zu beginnen, sondern zunächst andere Imperative, die mit Sicherheit auch vorhanden sind, aufzulösen. Danach ist der Betroffene dann besser geübt darin, die weite Aufmerksamkeit aufrecht zu erhalten, die ihm hilft, alles was in seinem Inneren passiert, beobachtend wahrzunehmen. Hat er diese Übung noch nicht, ist die Gefahr groß, die innere Haltung der weit gestellten, nicht-wertenden Aufmerksamkeit sofort wieder zu verlieren, sobald er sich mit dem den Imperativ bedrohenden Satz konfrontiert.

Bei einer jungen Frau war der Zugang zu ihren Gefühlen so weitgehend abgeschnitten, dass sie fast autistisch wirkte. Es fiel ihr unendlich schwer, mit anderen Menschen in Kontakt zu treten, sie schloss sich keiner gemeinsamen Unternehmung mit ihren Kollegen an, hielt sich auch ansonsten in ihrer Arbeitszeit mit Vorliebe abseits von allen Kollegen und unterhielt keine Freundschaften. Ihre Angst vor Gefühlen gipfelte in dem Imperativ »Ich darf auf keinen Fall die Kontrolle aufgeben, sonst könnte ich verrückt werden!« Und wenn sie verrückt würde, so stellte sie sich vor, käme sie in die Psychiatrie und wäre dort erst recht hilflos ausgeliefert.

Ihre Angst war so ausgeprägt, dass sie auf die Frage, wie hoch auf der Belastungsskala von eins bis zehn ihre Belastung denn sei, wenn sie sich mit dem Satz »Es kann sein, dass ich verrückt werde« konfrontiere, die Antwort gab: »Gefühlte fünfzehn Punkte!« Wie sie später erzählte, war es für sie »der blanke Horror« allein nur den Gedanken ausdrücklich zu denken, dass es passieren könnte, dass sie verrückt wird. Da sie jedoch schon geübt darin war, ihr inneres Erleben mit weit gestellter Aufmerksamkeit zu beobachten – wir hatten vorher bereits andere Imperative durchgearbeitet – gelang es ihr, in einer Sitzung die Belastung auf einen Wert von drei oder vier Punkten auf der Skala herunterzuregeln.

Die junge Frau arbeitete zu Hause selbständig weiter mit Introvision und übte eine Zeit lang täglich zehn Minuten. Als der Prozess abgeschlossen war und der Gedanke »Es kann sein, dass ich verrückt werde« gar keinen Alarm mehr bei ihr auslöste, berichtete sie, dass diese Arbeit für sie das »Tor zur Freiheit« gewesen sei. Denn früher hatte die Angst davor, verrückt zu werden, wenn sie die Kontrolle verlöre, sie in solche Horrorszenarien versetzt, dass sie regelrechte Panikzustände erlebte. Das alles hatte sich in Luft aufgelöst und sie empfand nur noch ein tiefes Gefühl von Befreiung. Eine Befreiung, die ihr auch ermöglichte, sich mehr zu öffnen und besser auf andere Menschen zuzugehen.

Menschen, die an ihrer Einschärfung »Fühl nicht« erfolgreich gearbeitet haben, machen hinterher die Erfahrung, dass ihr Leben sich intensiver gestaltet. Solange sie ihre Gefühle unterdrückten, »existierten« sie eigentlich nur, wirklich lebendig waren sie nicht, zum Lebendig-Sein gehören Gefühle nun einmal dazu. Wenn man jahrelang quasi gar nichts gespürt hat, wird schon eine verhaltene Freude fast als Gefühlssturm erlebt. Deshalb ist der eine oder andere zunächst einmal erschrocken darüber, wie stark der Gefühlspegel nach oben oder unter ausschlagen kann. Allerdings muss man auch sagen, dass natürlich nicht nur die angenehmen Gefühle intensiver wahrgenommen werden, sondern auch die schmerzhaften. Die erlebte Freude ist etwas Wunderbares – Frust, Ärger oder Enttäuschung mit aller Deutlichkeit zu spüren schon weniger. Trotzdem will keiner mehr diese Gefühlsqualität missen, auch wenn es manchmal ein bisschen Zeit braucht, sich daran zu gewöhnen.

7. Komm mir nicht zu nahe

Das ist eine Einschärfung, die thematisch sehr nahe bei der vorigen Einschärfung »Zeig keine Gefühle« liegt, sich aber vorzugsweise auf der körperlichen Ebene etabliert hat. Die Einschärfung »Komm mir nicht zu nahe« wird von Eltern gegeben, die große Probleme mit körperlicher Nähe haben. Doch das Bedürfnis nach Nähe empfindet jedes gesunde Kind. Es will auf den Arm genommen werden, es will kuscheln und schmusen, aber wenn Vater oder Mutter damit nicht klarkommen, werden sie das Kind zurückweisen. Das tut sehr weh. Wenn das Kind immer wieder spürt, dass seine Eltern gereizt, unwirsch und ablehnend auf seine Annäherungsversuche und seine Zärtlichkeiten reagieren, geht es irgendwann dazu über, sich von seinem Bedürfnis nach Nähe ganz abzuschneiden, denn auf die Dauer ist es einfach zu schmerzhaft, das Bedürfnis zwar zu spüren, aber nie seine Erfüllung zu erleben. Distanz zu halten wird zur Überlebensstrategie.

Für den Erwachsenen führt die Einschärfung »Komm mir nicht zu nahe« häufig zu einem ambivalenten Verhalten: Einerseits ist der Wunsch nach Nähe natürlich immer noch da, andererseits hat man große Angst vor ihr. Man trägt ein großes ungestilltes Verlangen in sich, hat aber gelernt, dass Nähe herstellen zu wollen gefährlich ist, weil sie Ablehnung im Schlepptau hat. Man wünscht sich nichts so sehr wie Nähe, kann aber nicht damit umgehen, wenn sie einem entgegengebracht wird. Oft wird eine Liebesbeziehung deshalb so organisiert, dass allzu große Nähe sich schon allein aus äußeren Umständen nicht einstellt, weil man zum Beispiel in unterschiedlichen Städten wohnt und arbeitet. Oder man sorgt dafür, dass man unter der Woche sehr viel arbeitet, am lang ersehnten Wochenende, an dem man endlich Zeit füreinander hat, aber – unbewusst – einen heftigen Streit provoziert, sodass die Nähe sich in erträglichen Grenzen hält.

Für Menschen mit der Einschärfung »Komm mir nicht zu nahe« kann das Erleben von Nähe mit einem geliebten Partner aber auch in ein ganz anderes Verhalten münden. Wer endlich spürt, was er so lange schmerzlich vermisst hat, entwickelt unter Umständen große Angst davor, es wieder zu verlieren, und will es deshalb mit aller Gewalt festhalten. Ein solches Klammern am Partner zeitigt aber oft genug genau das, was man vermeiden will. Denn eine eiserne Umklammerung ist für gewöhnlich der Tod der Beziehung – wer keine Luft mehr zum Atmen hat, der muss sich befreien.

Paradoxerweise findet man bei Menschen mit der Einschärfung »Komm mir nicht zu nahe« nicht nur die Angst vor Ablehnung, sondern auch die Angst davor, dass sie angenommen werden könnten. Wer diese Einschärfung hat, besitzt für gewöhnlich schon eine Menge Erfahrung mit Ablehnung. Durch das eigene distanzierte Verhalten provoziert man häufig nämlich genau die Ablehnung, die man befürchtet. Menschen mit »Komm mir nicht zu nahe« haben also schon oft genug, und meistens von Kindesbeinen an, erlebt, wie es ist, in Gruppen nicht aufgenommen zu werden, abseits zu stehen, keine Freundschaften zu haben, sich ausgeschlossen zu fühlen. Also haben sie Bewältigungsstrategien entwickelt, wie sie mit diesen Situationen umgehen. Doch angenommen zu werden ist »fremdes Terrain«. Außerdem bedeutet angenommen werden, dass sich der eigene Gefühlspanzer öffnen könnte und die ganze zurückgehaltene Sehnsucht nach Nähe und Wärme spürbar werden könnte. Das macht genauso viel Angst wie abgelehnt werden, denn wer keine Erlaubnis hat, Nähe zu zeigen, fürchtet, dass dieser »Gefühlsschwall« ihn überwältigen könnte und dass er so viel Gefühl nicht aushalten kann. Als Resultat kommt dabei heraus, dass man weder die Nähe noch die Nicht-Nähe gut aushalten kann – man hängt ständig irgendwo dazwischen.

Die Tragik dieser Einschärfung liegt darin, dass man das, was man am dringendsten sucht und sich wünscht, auch am allermeisten fürchtet. Wenn man die Nähe schließlich doch einmal bekommt, obwohl man alles dafür getan hat, sie zu vermeiden, wird man überschwemmt von der alten Sehnsucht danach und auch von all den schmerzlichen Gefühlen, die damit verbunden sind – und glaubt, diesen Gefühlssturm nicht ertragen zu können, weshalb man eher wieder auf Distanz geht. Aus Hilflosigkeit diesem Mechanismus gegenüber retten sich die Menschen oft in ein Verhalten, das die Transaktionsanalyse »psychologische Spiele« nennt. Gerade wenn es in einer Beziehung schön und nah sein könnte, sorgen sie unbewusst mittels psychologischer Spiele dafür, dass es zu Streit kommt. Auf diese Art und Weise sichern sie sich zwar Zuwendung, aber ohne dass der andere ihnen wirklich auf positive Art und Weise näher kommen könnte. So wird das menschliche Grundbedürfnis nach Zuwendung befriedigt – negative Zuwendung ist immer noch besser als gar nichts –, aber der eigentlich vorhandene Wunsch nach Nähe wird weiterhin nicht gestillt. (Wer mehr über psychologische Spiele erfahren möchte, die übrigens in vielen unserer Lebensbereiche zu finden sind, kann sich mit unserem Buch »Schluss mit diesen Spielchen!«, Campus Verlag, darüber informieren. In diesem Buch wird beschrieben, wie es zu psychologischen Spielen kommt, wie sie sich auswirken und wie man mit ihnen umgehen kann.)

Auch bei der Einschärfung »Sei nicht nah« lassen sich typische Imperative finden. Sie gehen sinngemäß in die Richtung »Es darf auf keinen Fall passieren, dass ich jemandem zu nah komme/mir jemand zu nahe kommt«, denn: »Ich könnte enttäuscht werden und das ist sehr schmerzhaft, deshalb darf das nie wieder geschehen.« Dahinter steckt die Angst, nicht wirklich angenommen zu werden, die sich in einem weiteren Imperativ manifestiert, der auf einer tieferen Ebene liegt und lautet: »Ich darf auf keinen Fall abgelehnt werden.« Um die Erfahrung des Abgelehnt-Werdens zu vermeiden, wird viel unternommen, dass erst gar keine Nähe entsteht: Vor gemeinsamen Unternehmungen wird ein Krach inszeniert, im Urlaub werden genau die brisanten Themen aufs Tapet gebracht, die erfahrungsgemäß zuverlässig einen Konflikt *heraufbeschwören*, oder statt endlich die lang versprochene gemeinsame Tour am Wochenende zu machen, muss man leider, leider eine dringende Arbeit erledigen.

Interessant ist, dass man mit diesem Imperativ auf zweierlei Art und Weise umgehen kann. Man kann den imperativbedrohenden Satz zum Beispiel so formulieren: »Es kann passieren, dass ich abgelehnt werde.« Das kann einen mitunter sogar extrem heftigen Alarm auslösen. Es kann aber auch sein, dass dieser Satz bei den Betroffenen zu keiner größeren Reaktion führt, sodass der Alarm auf der Skala von eins bis zehn höchstens bis etwa sechs reicht. Und nun kommt das Überraschende: Wenn der Satz »Es kann sein, dass ich abgelehnt werde« durchgearbeitet ist, sodass er gar keinen Alarm mehr verursacht, lässt sich häufig beobachten, dass die Umkehrung des Satzes, also die Formulierung »Es kann sein, dass ich total angenommen werde« eine maximale Alarmreaktion zeitigt. Denn das ist wie schon gesagt etwas, das jemand mit einem Nähe-Problem nicht kennt, damit weiß er nicht umzugehen.

Wie schnell und intensiv die Auswirkungen sein können, die eine Introvisionsarbeit mit dem Satz »Es kann sein, dass ich total angenommen werde« hervorbringt, zeigt das Beispiel eines Mannes, der bislang in seinem Leben nur Schwierigkeiten hatte mit Beziehungen zu Partnerinnen. Auch das Verhältnis, das er zu seiner aktuellen Freundin hatte, war bestenfalls eine »halbgare« Angelegenheit. Die Beziehung dümpelte vor sich hin, wenn es gut lief, ansonsten war sie sehr spannungsreich und mit vielen Streitereien verbunden.

Der Klient arbeitete zunächst mit dem Satz »Es darf nicht passieren, dass ich abgelehnt werde«. Diese Arbeit empfand er als gut und hilfreich, aber nicht besonders aufsehenerregend. Als er jedoch dem Vorschlag nachging, die Introvision mit dem Satz »Es kann sein, dass ich total angenommen werde« durchzuführen, verspürte er sofort massive Alarmreaktionen. Auf der Skala von eins bis zehn stufte er den Alarm bei zehn ein. Sein Magen krampfte sich zusammen, das Herz begann zu rasen, er wollte eigentlich augenblicklich fliehen. Doch er schaffte es, während der Coachingstunde den Alarm bis auf die Stufe drei zu reduzieren. Später erzählte er, dass er schon am nächsten Tag die verblüffende Erfahrung gemacht hatte, dass er viel gelassener auf seine Freundin reagieren konnte. Dinge, die sie sagte oder tat, und die davor unweigerlich zum Streit geführt hätten, weil sie ihn »genervt« hätten, konnte er einfach zur Kenntnis nehmen, ohne sich darüber aufzuregen. Er übte selbst weiter mit dem Satz, bis er den Alarm auf null gebracht hatte. In der Folge setzte sich eine positive Entwicklung der Beziehung in Gang, die beide vorher nicht für möglich gehalten hätten.

Eine andere Klientin war in einer sehr kalten Familie aufgewachsen, in der es praktisch keinerlei Nähe gab – es sei denn, sie hatte eine außergewöhnliche Leistung vollbracht, dafür bekam sie lobende Worte. Da die Klientin nie etwas anderes gelernt hatte, setzte sie dieses Muster in ihrer eigenen Familie fort und ging ziemlich unnahbar und kühl mit ihrer

Tochter um. Auch bei ihr löste der Satz »Es kann sein, dass ich, so wie ich bin, angenommen werde« Alarm auf der höchsten Stufe aus. Dadurch wurde ihr erst so richtig bewusst, wie kühl sie bisher mit ihrem Mann und ihrem Kind umgegangen war. Plötzlich nahm sie zum ersten Mal wahr, wie hart und fordernd sie bislang aufgetreten war. Sie begann, sich beiden gegenüber anders zu verhalten, was die Beziehung zu ihnen besser und glücklicher machte. Sie lernte, auch mit ihrer sonstigen Umgebung anders umzugehen, was dazu führte, dass viele der beruflichen Konflikte, deretwegen sie ins Coaching gekommen war, sich ganz von allein lösten.

Für Menschen mit der Einschärfung »Sei nicht nah«, die als Überlebensstrategie ein Verhalten entwickelt haben, bei dem sie zwar Kontakte haben, dabei aber immer Sorge tragen, dass die Beziehungen nicht zu eng werden, ist es also immer lohnenswert, mit der Introvision in beide Richtungen zu arbeiten. Das heißt, sie sollten sowohl überprüfen, welche Reaktionen der Satz »Es kann sein, dass ich abgelehnt werde« bei ihnen auslöst, als auch, wie sie auf den gegenteiligen Satz »Es kann sein, dass ich angenommen werde« reagieren.

8. Sei kein Kind

Manche Paare haben ihr Wissen über Kinder, und was das Leben mit ihnen bedeutet, offenbar nur aus der Fernsehwerbung und deshalb ein goldgelocktes Engelchen erwartet, das niemals anstrengend, trotzig, fordernd, verheult, albern, unvernünftig, laut und herrisch ist. Kinder sind aber all dies und noch viel mehr, und wenn Eltern sich von ihrem Energiebündel aus Fleisch und Blut überfordert fühlen, dann werden sie bald damit beginnen, dem Kind sein »kindisches Verhalten« abzugewöhnen. Das Kind wird so lange gedrillt, bis die Eltern mit ihrer perfekten, wohlerzogenen und altklugen Marionette zufrieden sind.

Es sind jedoch nicht nur genervte oder anspruchsvolle Eltern, die diese Einschärfung vermitteln. Es gibt noch einen zweiten Weg, wie man sie erwerben kann. Wenn jemand schon sehr früh viel Verantwortung übernehmen musste, zum Beispiel für kleinere Geschwister oder für einen kranken Elternteil, gab es für denjenigen ebenfalls keine Erlaubnis, sich wie ein Kind zu verhalten. Natürlich ist es völlig unproblematisch, wenn ein älteres Kind gelegentlich seine kleinen Geschwister hütet. Schwierig wird es jedoch, wenn das der normale Alltag des Kindes ist, sodass es gar keine Zeit mehr für die eigenen kindlichen Bedürfnisse hat. Dasselbe gilt, wenn es eine schwerkranke Person in der Familie gibt, auf die permanent Rücksicht genommen werden muss. Wenn diese Situation dazu führt, dass das ganze Familienleben nur nach den Bedürfnissen des Kranken organisiert wird – das Kind darf nicht laut sein, es darf nicht ausgelassen spielen, es darf dieses nicht, es darf jenes nicht – und die Eltern es versäumen, dafür einen guten Ausgleich zu schaffen, muss das Kind sein eigenes Kind-Sein verleugnen. Es lernt dadurch viel zu früh, sich wie ein verantwortungsbewusster Erwachsener zu verhalten.

Dieses Verhalten wird für gewöhnlich noch dadurch verstärkt, dass es von den Eltern mit sehr viel positiver Zuwendung bedacht wird. Das Kind wird gelobt dafür, dass es so vernünftig, rücksichtsvoll und zuverlässig ist. So wird es zu einer Selbstverständlichkeit für das Kind, sich nicht kindgerecht zu verhalten, die eigenen Bedürfnisse nach spielerischer Freiheit auszuschließen und stattdessen gut zu funktionieren.

Den späteren Erwachsenen wird es zur zweiten Natur, Verantwortung zu tragen. Sie sind immer für andere da, sie erfüllen all ihre Aufgaben mit großer Zuverlässigkeit, sie geben alles für andere und nehmen wenig für sich. So schätzenswert solche Verhaltensweisen im Großen und Ganzen sind, so problematisch können sie sich doch für den Betroffenen auswirken. Denn wer keine innere Erlaubnis besitzt, sich auch einmal gehen zu lassen, andere um Hilfe zu bitten, einmal nur an sich selbst zu denken, der landet irgendwann im Defizit –

dem fehlt eine wichtige Ressource, die eigenen inneren Batterien wieder aufzuladen. Dann wird das permanente »gute Funktionieren« zur Belastung – und die Menschen haben das Gefühl, dass sie zwar immer für andere da sind, es aber niemanden gibt, bei dem sie sich einmal fallen lassen können. Dabei vergessen sie allerdings leicht, dass sie auch niemandem die Gelegenheit geben, sie aufzufangen.

Menschen mit den genannten Eigenschaften sind als Führungskräfte sehr gefragt, denn sie kümmern sich. Und auch im Privatleben kommen sie immer sehr gut an, im Familienverband und im Freundeskreis ist ihre liebevolle Bereitschaft, sich um alles zu kümmern, sehr geschätzt.

Der Nachteil für die Betroffenen selbst ist jedoch, dass sie häufig schlicht überverantwortlich sind – sie sorgen in übertriebener Weise für die, die sie als ihnen anvertraut betrachten, seien es Mitarbeiter, Partner, Familienangehörige oder Freunde. Ihr Imperativ befiehlt ihnen: »Ich muss immer gut für andere sorgen!«

Wie stark dieser Imperativ wirkt, wurde deutlich bei einem Manager, der einige Zeit nach der Trennung von seiner ersten Frau eine neue Ehe ins Auge fasste. Er wollte das einerseits sehr gern, hatte aber andererseits die größten Schwierigkeiten, sich ganz auf seine neue Partnerin einzulassen. Dahinter steckte seine Angst, mit diesem Schritt seiner Ex-Frau so wehzutun, dass er damit nicht mehr »seiner Verantwortung«, für ihr Wohlergehen zu sorgen, gerecht werden könnte.

Der Alarm, den er bei dem Satz »Es kann sein, dass ich nicht mehr gut für sie sorge« erlebte, war so hoch, dass die körperlichen Auswirkungen sofort auch von außen erkennbar waren. Er ballte seine Hände zu Fäusten, bis die Knöchel weiß hervortraten, seine Kiefer mahlten und er hatte Mühe zu atmen. Es dauerte eine ganze Weile, bis er es geschafft hatte, seine Alarmreaktionen schwächer werden zu lassen. Im Laufe der Arbeit wurde ihm deutlich bewusst, wie stark der Imperativ, gut für andere sorgen zu müssen, in alle seine privaten und beruflichen Beziehungen hineinwirkte. Er merkte nun auch, wie oft er seine eigenen Interessen hintangestellt hatte – ohne dass diese Selbstverleugnung tatsächlich immer zum Nutzen der anderen gewesen wäre.

9. Werde nicht erwachsen

Bei dieser Einschärfung geht es um das glatte Gegenteil zur vorigen. »Werde nicht erwachsen« ist natürlich keine Forderung, die Mutter oder Vater ganz explizit an ein Kind stellen, aber implizit wird dem Kind von Babybeinen an mitgeteilt, dass man es am liebsten hat, wenn es so hilflos, abhängig und unselbständig bleibt, wie es als kleines Kind war. Man hält das Kind mit allen Mitteln klein, weil man der Tatsache, dass man es eines Tages an die Welt verlieren wird, nicht ins Auge sehen will – vielleicht weil die Eltern kein eigenes Leben haben und das Kind diese Leere in idealer Weise füllt. Deshalb trifft diese Einschärfung besonders häufig Einzelkinder oder »Nesthäkchen«.

»Werde nicht erwachsen« wird Kindern manchmal auch von Eltern mitgegeben, die als Eltern zwar gut funktionieren, nicht jedoch als Paar. Sie sagen gern: »Wir leben nur für unsre Kinder« oder: »Wir sind nur für unsere Kinder da.« Ein sich normal entwickelndes Kind wird aber zusehends unabhängig von den Eltern. Irgendwann droht der Zeitpunkt, da es sich ablöst vom Elternhaus – und was bleibt dann vom Elternpaar übrig? Sie sind keine Eltern mehr, aber eben auch kein Paar, denn sie waren im Grunde genommen eine Wohngemeinschaft mit Kinderbetreuung. Also muss dafür gesorgt werden, dass man sich möglichst lange um die Probleme der Kinder kümmern muss – das ist immer noch leichter zu bewältigen als die Krise, wenn offenbar würde, dass die eigene Beziehung ohne die Kinder gar nicht trägt. Die Eltern tun alles dafür, den Zeitpunkt der Selbständigkeit der Kinder hinauszuschieben, zum Beispiel indem sie sie niemals ihrem tatsächlichen Alter gemäß behandeln, sondern so, als seien sie ein paar Jahre jünger. Sie trauen den Kindern keine eigenen Entscheidungen zu und vermitteln ihnen, dass das Leben hauptsächlich aus Gefahren besteht, vor denen nur die Eltern und das behütete Leben zu Hause sie beschützen können.

Überbehütete, unselbständige Kinder, die nie gelernt haben, mit Schwierigkeiten umzugehen, die nie ein Problem allein bewältigen durften, haben als Erwachsene natürlich Mühe, ihr Leben allein zu meistern. Sie brauchen immer jemanden, der ihnen sagt, wo es langgeht und hinter ihnen her räumt. Sie bringen sich leicht in die Bredouille und scheuen vor jeder Verantwortung zurück. Das trifft auf das Privat- und das Berufsleben zu. Sie suchen sich gern einen Partner, der für sie die Elternfunktion übernimmt, zum Beispiel jemanden, der es seiner eigenen Einschärfung wegen braucht, gebraucht zu werden. Daraus ergeben sich scheinbar perfekte Symbiosen, die jedoch keinem von beiden guttun.

Die Auswirkungen dieser Skript-Einschärfung im Berufsleben zeigen sich für gewöhnlich daran, dass die Betroffenen Schwierigkeiten damit haben, in irgendeiner Form Verantwortung zu übernehmen. Sie scheuen davor zurück, in ihrem Job leitende Positionen zu übernehmen, obwohl sie alle fachlichen Voraussetzungen dafür mitbrächten, denn dann müssten sie ja Verantwortung für Mitarbeiter tragen. Man wird Menschen mit dieser Einschärfung auch nicht an der Spitze von Verbänden oder anderen Institutionen finden, wo man sich etwa einer Mitgliederversammlung stellen muss. Der Imperativ, der zu dieser Einschärfung passt, lautet deshalb auch sinngemäß: »Es darf auf keinen Fall passieren, dass ich für etwas verantwortlich gemacht werde!«

Um diese Einschärfung mit Introvision zu bearbeiten, muss man in jedem individuellen Fall überprüfen, in welcher Situation der Alarm zu schrillen beginnt. Das könnte zum Beispiel der Fall sein, wenn eine Beförderung »droht«, oder es könnte passieren, wenn man die Verantwortung für ein spezielles Projekt erhalten soll. Im privaten Bereich kann der

Alarm heftig werden, wenn man zum Beispiel auf einmal die Verantwortung für ein Kind tragen soll. Der den Imperativ bedrohende Satz könnte etwa lauten: »Es kann sein, dass ich Verantwortung übertragen bekomme«, oder: »Es kann sein, dass ich verantwortlich gemacht werde für das, was ich tue.«

10. Sei nicht du

Wenn ein Kind beständig die Erfahrung macht, dass es viel positive Aufmerksamkeit bekommt, wenn es sich nach den Rollenerwartungen richtet, die eine geliebte Bezugsperson hat, kann es passieren, dass es sein Verhalten so gründlich umstellt, um diesen Erwartungen zu genügen, dass es schließlich kaum mehr einen Zugang zu sich selbst hat. Beobachten lässt sich der Schaden, den die Einschärfung »Sei nicht du« anrichtet, zum Beispiel, wenn Eltern lieber einen Sohn statt einer Tochter gehabt hätten und beim Kind alle als »männlich« eingestuften Verhaltensweisen verstärken, während alles, was »mädchenhaft« oder weiblich ist, abgelehnt wird. Wenn das Kind diese Rollenzuschreibung übernimmt, kann es zum Beispiel passieren, dass es in der Pubertät Schwierigkeiten mit der eigenen Identität bekommt und zu einer Frau wird, die ihre Weiblichkeit nicht akzeptieren kann.

Die Einschärfung »Sei nicht du« wird auch häufig von Eltern gegeben, die eine sehr klare und festgelegte Vorstellung davon haben, wie das Kind zu sein hat. Ein »richtiger Junge« muss ein Draufgänger sein oder ein begeisterter und erfolgreicher Sportler, ein »echter« Müller, Maier oder Schmidt wird Offizier, Metzger oder Musiker, basta! Sollten die Interessen des Kindes in eine ganz andere Richtung gehen, so wird das nicht akzeptiert. Positive Zuwendung gibt es von den Eltern nur, wenn das Kind haargenau so ist, wie sie es haben wollen. Weicht das Kind von diesem Bild ab, ist die Beziehung zu den Eltern ganz schnell gefährdet, dann hagelt es Vorwürfe, es gibt Ärger und Ablehnung. Das macht es dem Kind schwer, sich anders zu entwickeln, denn als Kind ist man abhängig von Lob und Zuwendung der Eltern. Es kommt auch vor, dass das Kind von den Eltern in die Karriere gedrängt wird, die sie selbst gern gemacht hätten, aber nicht geschafft haben. Dann muss es den Traum von Mutter oder Vater verwirklichen, aber nicht den eigenen.

Wenn man sich jahrzehntelang nach den Vorstellungen der anderen gerichtet hat, hat man als Erwachsener Schwierigkeiten damit, herauszufinden, was man selbst will. Symptomatisch dafür sind Karrieren, die letztlich von den Eltern bestimmt waren. Sie haben so lange auf ihren Nachwuchs eingeredet, bis der die Waffen gestreckt hat, aber es wurde nie gefragt: »Was willst du eigentlich gern machen?« Es gab ja auch immer genug »vernünftige« Gründe, sich den Wünschen der Eltern zu beugen. Häufig jedoch werden die Menschen eines Tages davon eingeholt – wenn sie zum Beispiel während der berüchtigten Midlife-Crisis plötzlich das Gefühl haben, dass das doch nicht alles gewesen sein könne, was ihr Leben zu bieten hat. Sie verspüren ein ungekanntes Unbehagen und wissen, was sie nicht mehr wollen, aber es fällt ihnen schwer, zu erkennen, was sie wollen.

Eine Hilfe, um doch noch den eigenen Bedürfnissen auf die Spur zu kommen, besteht darin, sich an früher zu erinnern, an eine Zeit, als man noch eigene Wünsche hatte. Und sich dann zu fragen: »Was würde ich tun, wenn Geld, meine Eltern oder die Erwartungen anderer Menschen keine Rolle spielen würden? Was würde ich dann gern machen?« So kann man sich langsam dem nähern, was der eigenen Persönlichkeit entspricht.

Es gibt noch eine zweite Variante dieser Einschärfung. Wenn ein Kind ständig mit einer anderen Person gleichgesetzt wird (»Du bist genau wie mein Vater«) oder wenn es ständig hört: »Du bist so ein Clown – nichts nimmst du ernst!«, kann es passieren, dass es das schließlich glaubt und sein Verhalten entsprechend einrichtet. Da Kinder noch nicht in der Lage sind, sich selbst zu definieren, übernehmen sie die

Definitionen ihrer Umgebung, wenn sie nur häufig genug gegeben werden. Wenn der Großvater des Kindes der »Held« für einen Elternteil war, wird das Kind sich abstrampeln, um ebenfalls zum »Helden« zu werden. War er jedoch das schwarze Schaf, rutscht das Kind womöglich ebenfalls auf die schiefe Bahn, weil es den Glaubenssatz verinnerlicht hat, dass es nun mal nichts taugt – ist leider genetisch! Und wer ständig den Klassenclown geben muss, tut das unter Umständen gar nicht, weil er so voller Ulk und Witz steckt, sondern weil er glaubt, nur so die Akzeptanz seiner Mitmenschen erringen zu können.

Bei dieser Einschärfung geht der grundlegende Imperativ in die Richtung, dass man auf jeden Fall den Erwartungen von irgendjemandem gerecht werden muss. Wenn die Eltern zum Beispiel sehr genaue Vorstellungen darüber haben, wie ihr Kind sich zu entwickeln hat, was es später einmal beruflich machen muss oder dergleichen, dann lautet der stärkste Imperativ: »Ich darf auf gar keinen Fall meine Eltern enttäuschen!« Damit verbunden ist der Imperativ »Ich darf auf gar keinen Fall eigene Wünsche entwickeln und ausleben!« Das macht später auch die ganze Problematik aus: Mit der Einschärfung »Sei nicht du« weiß jemand zwar sehr genau, wie und was er sein sollte, doch auf die Frage: »Was willst du eigentlich? Welche Wünsche spürst du tief im Innern?« hat er keine Antwort. Der Zugang zu den eigenen Wünschen und Lebensvorstellungen scheint durch den Imperativ vermauert.

Von einer Klientin, deren Vater ein erfolgreicher Rechtsanwalt war, wurde, seit sie sich erinnern konnte, erwartet, dass sie in Vaters Fußstapfen tritt. Es war selbstverständlich, dass sie gut in der Schule zu sein hatte, dafür gab es auch jede Menge Zuwendung, andere Interessen wurden ignoriert. Auch ihr äußeres Erscheinungsbild wurde einer strengen Kontrolle unterworfen. Sie hatte stets elegant und sehr gepflegt aufzutreten. Nach dem Abitur kam für sie auch gar nichts anderes in Frage, als Jura zu studieren, darüber wurde gar nicht diskutiert. Sie selbst hätte sich lieber für Literatur-wissenschaften entschieden, aber das war für den Vater eine brotlose Kunst, mit der man im Leben nicht weit kommen konnte, das stellte er schnell klar. Selbst die Wahl ihres Autos wurde vom Vater bestimmt – es hatte ein BMW oder Merce-des zu sein, punktum.

Während des Studiums, als sie ein wenig mehr Freiheit erlebte, merkte sie, dass sie sich in Jeans und Turnschuhen eigentlich wohler fühlte als im Designerkostüm und dass sie einen kleinen Mini viel schicker finden würde als ihr gedie-genes Fahrzeug, doch die wenigen Ansätze, die sie machte, solche eigenen Vorstellungen zu Hause zu zeigen oder zu äu-ßern, führten zu derartig heftigen Auseinandersetzungen mit dem Vater, dass sie das schnell wieder bleiben ließ. Diesem Stress fühlte sie sich nicht gewachsen. Sie traute sich in der Folge nie wieder, entgegen den Wünschen des Vaters zu han-deln. Also beendete sie ihr ungeliebtes Jura-Studium, um den patriarchalischen Vater zufriedenzustellen. Ihr Imperativ »Ich darf meinen Vater auf gar keinen Fall enttäuschen« war so ausgeprägt, dass kein eigener Wunsch daneben bestehen konnte.

11. Gehör nicht dazu

Wer die Einschärfung »Gehör nicht dazu« verinnerlicht hat, katapultiert sich aus jeder Gruppe heraus, die nicht seinem eigensten »inneren Kreis« angehört. Anders als bei der Ein-schärfung »Komm mir nicht zu nahe« kann der Betroffene zwar durchaus enge Beziehungen zu einzelnen Menschen oder zu einer ganz eng definierten Gruppe von »Ebenbürti-gen« eingehen, aber sich in einen Klassenverband, einen Freundeskreis, ein Team, eine andere Familie zu integrieren, gelingt ihm nicht.

Das hat sich entwickelt, weil dem Kind schon früh klar-gemacht wurde, dass es entweder zu gut ist für die anderen oder nicht gut genug. Eine dünkelhafte Familie kann ein Kind genauso isolieren, wie eine sogenannte prekäre Herkunft. Manchmal stecken hinter der Einschärfung »Gehör nicht dazu« Geschichten von sozialer Ausgrenzung, weil die ganze Familie nicht akzeptiert war. Sie kamen vielleicht aus dem Ausland oder aus einer anderen Gegend, sprachen den falschen Dialekt oder kleideten sich ungewöhnlich. Das Kind hat auf jeden Fall gelernt, dass Geborgenheit nur in der eigenen Familie zu finden ist und es in anderen Gruppen nichts verloren hat. In diesem eng umschriebenen Kreis von Menschen wird Nähe hergestellt und auch ganz besonders wichtig genommen, aber von allen anderen hält man sich fern.

Deshalb verhält man sich auch noch als Erwachsener so, dass man von keiner als »außen« definierten Gruppe akzeptiert wird. Der »innere Kreis« jedoch wird sehr gepflegt. Das kann sich später etwa so auswirken, das man sein eigenes Team als »Ersatz-Familie« empfindet und sich ihm zugehörig fühlt, nicht aber den anderen Abteilungen oder der Firma als Ganzes. Da wird manchmal sogar eine Art Feindbild aufgebaut, um sich noch besser abgrenzen zu können.

All jene, die die Einschärfung »Gehör nicht dazu« übernommen haben, fühlen sich anders als andere – sie fühlen sich fremd in Gruppen, es sei denn, es ist diese ganz spezielle Gruppe, deren Mitglieder sie für sich als »Gleichgesinnte« erwählt haben. Dieser Gruppe können sie sich anschließen, sich mit ihr sogar ganz besonders innig verbunden fühlen. Bei allen anderen verhalten sie sich häufig auf eine Art und Weise, die den Ausschluss aus dieser Gemeinschaft geradezu provoziert. Wenn andere auf das latent oder offen aggressive Verhalten dann damit reagieren, dass sie mit demjenigen tatsächlich nichts zu tun haben wollen, fühlt er sich in seinem Skript bestätigt: »Ich gehöre tatsächlich zu keinem Verein, keiner Gruppe dazu. Es gibt eben nur ganz wenige Menschen, mit denen ich überhaupt kann!«

Bei der Einschärfung »Gehör nicht dazu« lässt sich beobachten, dass sie in beide Richtungen wirkt: Der Betroffene hält sich von sich aus von anderen fern, weil er die Einschärfung von zu Hause übernommen hat. Oder aber er bewirkt durch sein Anderssein, dass die anderen zu ihm auf Abstand gehen und ihn ausschließen, was unter Umständen als schmerzhaft erlebt wird und in die Ausformung der Einschärfung mündet: »Gehör nicht dazu.«

So, wie jemand mit der Einschärfung »Fühl nicht« hin und her oszilliert zwischen Sehnsucht nach Gefühlen und Angst davor, so kann bei jemandem mit der Einschärfung »Gehör nicht dazu« durchaus ein Bedürfnis nach Zugehörigkeit vorhanden sein, dem man allerdings nicht nachgibt, weil man im Grunde genommen Angst vor Ablehnung hat. Aus diesem Grund findet sich bei dieser Einschärfung häufig ein Imperativ, der fordert: »Es darf nicht passieren, dass ich abgelehnt werde!« – weshalb man gar nicht erst auf eine Gruppe zugeht.

Wie sich Einschärfungen mit den dazugehörigen Imperativen ganz ohne aktive Beteiligung der Eltern entwickeln können, zeigt unser nächstes Beispiel. Es handelt sich dabei um eine junge Frau, die wohl die Bezeichnung »hochbegabt« verdient. Von daher war sie von Beginn an »anders« als die anderen. Als Schülerin schon war sie eine Überfliegerin, die mit Leichtigkeit immer die Klassenbeste war. Das brachte ihr zwar ein hervorragendes Ansehen bei ihren Lehrern ein, nicht aber bei ihren Klassenkameraden. Sie wurde als Streberin missachtet, man grenzte sie aus, Freunde fand sie keine. Um bei ihren Klassenkameraden besser anzukommen, sorgte sie dafür, dass ihre Noten schlechter wurden. Das half ihr bei ihren sozialen Beziehungen in der Schule, ließ sich für sie auf die Dauer aber nicht durchhalten, denn es brachte andere Schwierigkeiten mit sich. Ihre Mutter hatte große gesundheitliche Probleme und das Mädchen merkte, dass es ihre Mutter zusätzlich belastete, wenn sie mit schlechten Noten nach Hause kam.

Da sie ihrer Mutter nicht antun wollte, dass sie sich auch noch um die schulische Karriere ihrer Tochter Sorgen machte, gab sie es wieder auf, mit ihrer Intelligenz hinter dem Berg zu halten. Sie war ruckzuck wieder Klassenbeste und genauso schnell auch wieder unbeliebt bei ihren Mitschülern. Durch diese Situation entstand bei ihr die Einschärfung »Gehör nicht dazu« – sie fühlte sich anders als die anderen, machte die Erfahrung, ausgegrenzt zu werden, und all das verfestigte in ihr den Glaubenssatz, dass sie sich eben abseits halten müsse. Die Erfahrungen in ihrer Schulzeit hatten sich ihr so schmerzhaft eingeprägt, dass sie dem Imperativ »Es darf nicht sein, dass ich abgelehnt werde« Folge leistete, indem sie sich ganz von Gruppen fernhielt.

12. Sei nicht gesund

Man kann sicher davon ausgehen, dass alle Eltern, die ihr Kind lieben, wünschen, dass es gesund ist. Es gibt nur gelegentlich merkwürdige Formen, wie dieser Wunsch in die Tat umgesetzt wird. Eine überfürsorgliche Mutter zum Beispiel, deren Lebensinhalt es ist, gebraucht zu werden, lehrt ihr Kind recht schnell, wie viel positive Zuwendung es bekommt, wenn es kränkelt. Vielleicht beweist eine an sich und ihren Qualitäten zweifelnde Mutter auch sich selbst, welch eine gute Mutter sie ist, wenn sie ein großes Ding um jeden kleinen Schnupfen macht. Oder das Kind bekommt überhaupt nur genügend Aufmerksamkeit, wenn es krank im Bett liegt, weil man dann plötzlich Zeit für es hat – wie auch immer, das kluge Kind lernt, dass es Vorteile hat, nicht ganz gesund zu sein. Und bis man ganz erwachsen ist, hat sich dann schließlich als Überzeugung verfestigt, dass man leider von schwacher Gesundheit ist, auch wenn kein Arzt der Welt das bestätigen würde.

Bei dieser Einschärfung ist der Mechanismus, wie sie gegeben wird, etwas anders als bei den anderen Einschärfungen. Er funktioniert nicht über Bestrafungen oder negative Konsequenzen für ein bestimmtes Verhalten, sondern das Kind erhält sehr viel positive Zuwendung für das Kranksein, das dadurch interessant wird. Dazu gibt es nicht unbedingt einen passenden Imperativ, der wirksam wird – weil es eben nicht darum geht, etwas Unangenehmes zu vermeiden, sondern darum, etwas Positives zu erringen. Hier ist tatsächlich der »Krankheitsgewinn« das Entscheidende.

Die Antreiber und ihre Imperative

Wir wollen noch einmal hervorheben, dass Antreiber zwar oberflächlich betrachtet vielleicht wie »vernünftige« Lebensregeln aussehen. Das sind sie aber keineswegs – Antreiber sind Stressoren. Wert auf erstklassige Arbeit zu legen, pünktlich sein zu wollen, die eigenen Interessen auch einmal hintanstellen zu können, einmal über sich selbst hinauswachsen, nicht seiner Bequemlichkeit nachzugeben, sondern sich anzustrengen, um etwas zu erreichen, sind hervorragende Handlungsgrundsätze – die jedoch von den Antreibern in gewisser Weise pervertiert werden.

Erstens hat man bei einem Antreiber nicht die Wahl, ob man sein Verhalten nach der erwählten Maxime richten will oder nicht, sondern man steht unter dem Zwang, sich dem Antreiber gemäß zu verhalten.

Zweitens kommt es bei einem Antreiber nicht darauf an, ob das Verhalten tatsächlich die Ergebnisse erzielt, die vorgeblich erreicht werden sollen, sondern man verhält sich so, wie der Antreiber es verlangt, selbst wenn das, was dabei herauskommt, eindeutig kontra-produktiv ist. Um es ganz deutlich zu machen: Ein Formel-Eins-Fahrer mit einem Beeil-dich-Antreiber wäre dem Tod geweiht, noch bevor er sein erstes größeres Tournier bestreitet – Hektik hat nichts mit Schnelligkeit zu tun!

Immer, wenn sich Menschen in Situationen befinden, die ihren Antreiber auslösen, geraten sie in Stress, und sie geraten in diesen Momenten auch sofort in Konflikt zwischen Anspruch und Wirklichkeit oder, mit den Worten der Introvision gesagt, in den Konflikt zwischen dem Imperativ, der etwas fordert, und der inneren Befürchtung, dass man dem

Imperativ womöglich nicht Genüge tun kann. Und je mehr Antreiber ein Mensch verinnerlicht hat, desto häufiger gerät er in Stress.

1. Sei perfekt

Bei diesem Antreiber lässt sich besonders gut beobachten, wie weit Anspruch und Wirklichkeit auseinanderklaffen. Denn der Antreiber »Sei perfekt« zeitigt selten perfekte Ergebnisse. Jeder Antreiber setzt den, der ihn verinnerlicht hat, unter Druck und löst Stress aus – und unter diesen Bedingungen gedeiht Perfektion selten. Der Antreiber darf deshalb auf keinen Fall verwechselt werden mit dem Wunsch und dem Bestreben, sein Bestes zu geben, einen hohen Anspruch an seine Arbeit zu haben oder der Freude daran, etwas perfekt zu machen. Ein Antreiber ist in jedem Fall das Gegenteil von Freude – ein Antreiber ist ein Zwang.

Vermittelt wird der Antreiber »Sei perfekt« meist zur Schulzeit. Wenn Eltern nur mit den höchsten Leistungen, den besten Noten zufrieden sind, wenn nur hundert Prozent zählen und achtundneunzig Prozent bereits als Versagen deklariert werden, dann lernt ein Kind, dass es perfekt sein muss, um die Anerkennung der Eltern zu gewinnen. Vielleicht wollen die Eltern das Kind, dem sie viel zutrauen, nur »motivieren«, wenn sie unzufrieden sind mit der Zwei, wo es doch auch eine Eins hätte haben können, wenn nur dieser »blöde« Fehler nicht gewesen wäre, vielleicht wollen sie es einfach nur anspornen, mehr aus sich herauszuholen. Was dabei jedoch als Botschaft ankommt, lautet: »Was du machst, taugt nichts, wenn es nicht absolut perfekt ist. Und Fehler darf man auf gar keinen Fall machen, sonst zählt die ganze übrige Leistung überhaupt nichts.«

Jemand mit Perfekt-Antreiber kennt nur Schwarz oder Weiß: Perfekt oder Mist. Und er besitzt keine innere Erlaubnis, auch einmal Fehler zu machen. Die Angst vor Fehlern kann dazu führen, dass jemand für eine Arbeit doppelt so lange braucht wie ein anderer, der ein ebenso gutes Ergebnis abliefert, aber nicht durch diese Angst behindert ist. Wer vom inneren Zwang zur Perfektion getrieben ist, betreibt einen enorm hohen Aufwand, um Fehler zu vermeiden, und ist vollkommen außer sich, wenn es zu Pannen kommt, denn er hat keinerlei Improvisationstalent entwickelt. Eigene Fehler bringen ihn total aus dem Gleichgewicht, sodass er sich auch Kleinigkeiten, die andere im Handumdrehen aus der Welt schaffen, stundenlang vorwirft und darüber nachgrübelt, wie ihm das nur passieren konnte.

Den Stress, den Perfektionisten erleben, weil für sie nur hundert Prozent zählen und Fehler nicht vorkommen dürfen, geben sie häufig an ihre Umgebung weiter, weil sie diesen Perfektionismus auch von ihren Mitmenschen erwarten – sei es als Chef von den Mitarbeitern oder als Vater oder Mutter von den eigenen Kindern.

Zum Antreiber »Sei perfekt« gehört wie Pech zum Schwefel der Imperativ »Ich darf auf gar keinen Fall Fehler machen!« Unter diesem Imperativ liegt aber häufig noch ein weiterer, der mit der Einschärfung »Sei nicht erfolgreich« verknüpft ist. Dieser zweite, die Person noch stärker beeinträchtigende Imperativ lautet: »Ich darf auf keinen Fall versagen!« Da sich in der Arbeit mit Introvision immer wieder erwiesen hat, dass es zu besseren Ergebnissen führt, wenn man mit dem »leichteren« Imperativ beginnt, der nicht so tief in die Persönlichkeit und das Selbstvertrauen des Einzelnen hineinwirkt, ist es sinnvoll, zunächst den Imperativ »Ich darf keine Fehler machen«, der auf den Antreiber zurückgeht, aufzulösen und danach den Imperativ aus der Einschärfung zu bearbeiten mit dem Satz »Es kann sein, dass ich versage/dass ich es nicht schaffe.«

2. Mach's anderen recht/Sei gefällig

Dieser Antreiber korrespondiert mit der Einschärfung »Sei nicht wichtig«. Bei der Einschärfung handelt es sich um das

Verbot, die eigenen Interessen und Bedürfnisse zu berücksichtigen, und der Antreiber gibt dazu die Richtung vor: »Aber die anderen sind wichtig, deshalb streng dich an, es ihnen recht zu machen!« Ein wenig schwingt dabei auch das vage Versprechen mit: »Und wenn du schön brav bist und dafür sorgst, dass es allen anderen gut geht, dann hast du dir verdient, dass es auch mal was Nettes für dich gibt.«

Mit diesem Antreiber hat man als Kind vermutlich immer wieder die Erfahrung gemacht, dass man zwar nicht wirklich zählt, man aber mit etwas Glück mit einer kleinen Belohnung rechnen kann, wenn man die Erwartungen der Eltern übererfüllt. Dieses Training in aufopferungsvollem Dienst für die anderen sollte nicht verwechselt werden mit sinnvollem Hintanstellen von Egoismus. Gemeinsinn, sich auch einmal zurücknehmen können, Verzicht auf eigene Interessen zugunsten eines größeren Ganzen, sind alles wertvolle und wichtige Eigenschaften – der Antreiber »Mach's anderen recht« jedoch ist eine Art Überlebensstrategie mit dem Hintergrund: »Ich bin zwar nicht wichtig, aber wenn ich mich für andere abstrample, dann sind sie wenigstens mit mir zufrieden.«

Dieser Antreiber äußert sich in Überanpassung, der Betroffene scheint beherrscht von der Frage, was die anderen wollen. Er versucht ständig, die Wünsche der anderen zu erfüllen, noch bevor sie überhaupt wissen, dass sie sie haben. Er ist so trainiert darin, die Bedürfnisse aller anderen über seine eigenen zu stellen, dass er oft Mühe hat, seine eigenen Bedürfnisse überhaupt noch wahrzunehmen. Und weil er sich nicht zur Wehr setzt, wenn seine Interessen übergangen werden, kann es vorkommen, dass er schamlos ausgenutzt wird.

Mit diesem Antreiber fehlt die innere Erlaubnis, abzuwägen, ob es jetzt besser ist, auf die eigenen Interessen und Bedürfnisse zu hören, oder ob man die eigenen Belange lieber hintanstellen möchte – sei es, weil die Situation es erfordert oder sei es, weil man einfach nett sein möchte, weil man einfach Lust hat, jemandem etwas Gutes zu tun. Man hat diese

Entscheidungsfreiheit nicht, weil es den inneren Imperativ gibt, der verlangt: »Ich muss es unbedingt allen anderen recht machen!« oder: »Ich darf auf keinen Fall Nein sagen, wenn mich jemand um etwas bittet!«

Auch hinter diesen offensichtlichen Imperativen verbergen sich weitere, die mehr in die Tiefe gehen. Hinter dem ersten, eher oberflächlichen Imperativ steckt zum Beispiel oft die Angst, andere Menschen zu enttäuschen, weshalb es einen Imperativ gibt, der lautet: »Ich darf andere Menschen nicht enttäuschen!« Beim Gefällig-Antreiber ist es also oft hilfreich, mit dem Satz »Es kann sein, dass ich andere/ganz bestimmte Personen enttäusche« zu arbeiten. Hinter der Angst, andere Menschen zu enttäuschen, entweder ganz bestimmte wie Eltern oder Partner oder andere überhaupt, verbirgt sich oft eine weitere Befürchtung, nämlich die Angst davor, abgelehnt zu werden, wenn man nicht genau so ist, wie die anderen es haben wollen. Es lohnt sich deshalb auf jeden Fall zu überprüfen, ob es auch den Imperativ gibt: »Es darf auf keinen Fall passieren, dass ich abgelehnt werde!« Doch auch hier gilt, dass es vermutlich nicht von Erfolg gekrönt ist, wenn man versucht, eine »Abkürzung« zu nehmen, und gleich mit dem schwierigsten Imperativ die Introvisionsarbeit startet. Man sollte immer mit den Imperativen beginnen, die »zuoberst« liegen, als erste zum Vorschein kommen, und sich nach und nach in die Tiefe arbeiten.

3. Streng dich an

Dies ist ein besonders vertrackter Antreiber und zwar deshalb, weil es noch weniger als bei den anderen Antreibern um Ergebnisse geht, sondern ausschließlich um die Anstrengung. Eine Anstrengung um guter Ergebnisse willen ist gerechtfertigt oder kann es zumindest sein. Eine Anstrengung nur um der Anstrengung willen, nur um unter Beweis zu stellen, »dass man sich doch angestrengt hat«, ist für die Katz. Aber genau das passiert bei diesem Antreiber. Ein gutes Ergebnis, das einem mühelos in den Schoß gefallen ist, zählt nicht – was zählt, ist einzig und allein die Mühe, die man sich gemacht hat. Ein mittelmäßiges Resultat, für das man sich unter Aufbietung aller Kräfte abgerackert hat, ist in Ordnung, ein großer Erfolg, der scheinbar mühelos, weil mit Spaß errungen wurde, ist in den eigenen Augen nichts wert.

Als Kind lernt man das »Streng dich an« meist von Eltern, die vermitteln und vorleben, dass das Leben ein immerwährender Kampf ist, dass einem nichts in den Schoß fällt und dass das Schicksal keine Geschenke macht. »Im Schweiße deines Angesichts sollst du dein Brot verzehren« – und ja nicht anders! Da macht man auch gern Überstunden, um zu demonstrieren, mit welch einem ungeheuren Pensum an Arbeit man geschlagen ist. Das geschieht jedoch keineswegs im Sinne einer bewussten Täuschung, es ist kein willentliches »So tun als ob«, sondern die Auswirkung des Antreibers, der einen unter der Fuchtel hat. Eine weitere Auswirkung ist, dass man sich natürlich erschöpfter fühlt, als wenn man die innere Erlaubnis besäße, Arbeit auch mit Leichtigkeit und Freude anzugehen. Wer sich permanent suggeriert, wie unglaublich anstrengend sein Leben ist, der fühlt sich auch so – vor allen Dingen, wenn dann noch die fast ständige Angst dazukommt, dass man sich eigentlich nicht genug anstrengt. Häufig fällt dann auch noch der erholsame Effekt der Freizeit weg, weil man in dieser Zeit einen Sport nach Leistungsgesichtspunkten betreibt – wenn schon Sport, dann richtig! Das macht man schließlich nicht zum Spaß!

Etwas mit Leichtigkeit zu machen, das geht bei diesem Antreiber also gar nicht – eine Leistung ist nur etwas wert, wenn sie mit Mühe erbracht wurde. Die Imperative, die man bei Personen mit dem »Streng dich an«-Antreiber findet, lauten deshalb in etwa: »Ich muss mich immer ungeheuer anstrengen!« oder: »Um etwas richtig gut zu machen, muss es auf jeden Fall schwierig und anstrengend sein!« Dass jemand mit diesem Antreiber durch das Leben geht, erkennt man manchmal schon daran, dass er sofort Zweifel anmeldet, wenn man ihm einen einfachen Weg aufzeigt: »So einfach kann das gar nicht sein! Das Leben überhaupt ist schwierig und Dinge zu verändern ist besonders schwierig!« Jemand, der berichtet, wie leicht es ihm gefallen ist, etwas Wesentliches in seinem Leben zu verändern oder eine große Aufgabe zu bewältigen, wird mit Misstrauen beäugt, denn er bedroht den eigenen Imperativ: »Es darf gar nicht einfach sein, sonst taugt es nichts, sonst ist etwas faul daran!« Außerdem – Aufgaben können gar nicht leicht sein, schließlich ist man selbst dauernd erschöpft! Das muss ja seinen Grund haben!

Anstrengend ist aber häufig nur der Antreiber, nicht die Aufgabe. Deshalb ist es für den Betroffenen nützlich, mit dem Satz zu arbeiten: »Es kann sein, dass mir die Dinge ganz leicht von der Hand gehen.« Auch der Satz »Es kann sein, dass ich mit Leichtigkeit erfolgreich bin« kann hilfreich sein, selbst wenn er zunächst große innere Irritationen auslöst.

4. Sei stark

Dieser Antreiber mag vielleicht etwas häufiger bei Männern als bei Frauen angetroffen werden, weil es dem immer noch vorhandenen Rollenklischee entspricht, dass ein »echter Mann« keine Schwäche zu zeigen hat. Doch ausschließlich Männer betrifft »Sei stark« keinesfalls. Es gibt auch genügend Frauen, die keine innere Erlaubnis besitzen, um Hilfe zu bitten, rechtzeitig einen Gang zurückzuschalten, sich eine Auszeit zu gönnen.

Eine Begleiterscheinung, die zum Antreiber gehört, ist wahrscheinlich bei Männern ebenfalls stärker ausgeprägt als bei Frauen: Wer sich selbst keinerlei Schwäche zugestehen kann, für den stellen auch Gefühle häufig eine Schwäche dar, die es zu vermeiden gilt. Wer fühlt, macht sich verletzlich, verwundbar und damit »schwach« – also lässt man das Fühlen besser bleiben. Wer von seinen Eltern nach dem Motto »Sei stark« erzogen wurde, der hat schon früh gelernt und trainiert, möglichst viel auszuhalten und keine Gefühle zu zeigen.

Mit diesem rigiden Training geht einher, dass man verlernt hat, auf seine Körpersignale zu achten. Denn Gefühle und körperliche Empfindungen gehen Hand in Hand. Wer körperliche Reaktionen spürt, der hat auch schnell Zugang zu seinen Emotionen. Das kann jemand mit dem »Sei stark«-Antreiber gar nicht zulassen. Da Menschen mit diesem Antreiber ein hervorragendes Training darin besitzen, ihre körperlichen Signale zu ignorieren, werden selbst augenscheinliche Symptome, die Überlastung anzeigen, heruntergespielt oder gar nicht wahrgenommen, sodass es eher das Umfeld ist, das sie bemerkt. Das legt den Schluss nahe, dass sich unter dem Antreiber die Einschärfung »Fühl nicht« finden lässt. Mit dieser Einschärfung ist es ja auch sehr viel leichter, all die Kraftanstrengungen auszuhalten, die der »Starke« unternimmt. Die Unfähigkeit, Körpersignale wahrzunehmen, kann jedoch äußerst gefährliche Folgen haben. Menschen mit diesem Antreiber schweben in der Gefahr, sich so exzessiv zu überlasten, dass ihre Gesundheit eines Tages gänzlich ruiniert ist.

Menschen mit dem Antreiber »Sei stark« werden meist auch von anderen als unheimlich stark und belastbar wahrgenommen, weshalb die Umgebung dazu neigt, einem, der ohnehin schon zu viel trägt, noch mehr aufzubürden. Der wehrt sich auch nicht – er kennt sich ja als überaus leistungsfähig. Das geht so lange gut – wenn man von gut sprechen kann –, bis derjenige »aus heiterem Himmel« einen Zusammenbruch erleidet, zu seiner eigenen Überraschung und der seiner Mitmenschen.

Da es kennzeichnend für diesen Antreiber ist, dass man große Schwierigkeiten damit hat, sich selbst und anderen gegenüber Schwächen zuzugeben, weil man keine innere Erlaubnis besitzt, sich Hilfe zu holen, beißt man die Zähne zusammen solange es überhaupt nur geht und boxt sich alleine durch. Die Imperative kleiden sich deshalb häufig in die Form von: »Ich darf keine Schwäche zeigen!« oder: »Ich darf nicht um Hilfe bitten!« oder, noch weiter gehend: »Es darf auf keinen Fall passieren, dass ich ausgeliefert bin!« Denn gerade Menschen mit dem »Sei stark«-Antreiber finden die Vorstellung, selbst gar nichts mehr tun zu können, sich in einer Situation zu finden, in der man ausgeliefert ist, besonders erschreckend.

Ein Klient, der diesen Antreiber besonders ausgeprägt vorlebte, musste eines Tages feststellen, dass seine Kräfte doch nicht für die Ewigkeit gemacht waren. Er konnte es selbst kaum glauben, hatte er doch bisher alles gestemmt und dann noch eine Extra-Portion obendrauf. Das lief so lange gut, bis es schiefging und er alle Symptome eines Burn-out zeigte. Doch selbst zu diesem Zeitpunkt kam er noch nicht auf die Idee, dass er vielleicht fremde Hilfe benötigen könnte, sondern plante generalstabsmäßig, wie er wieder auf die Beine käme. Im Coaching, das er mitmachte, weil die Firma darauf bestand, wollte es ihm zunächst nicht in den Kopf, dass der Tinnitus, der von seinem Burn-out zurückgeblieben war, nicht durch eine zusätzliche Kraftanstrengung zum Verschwinden zu bringen war. Als er schließlich verstanden hatte, dass ein Symptom wie Tinnitus nicht durch Eingreifen von außen zu bewältigen war, sondern eine andere Art des Umgangs damit verlangte, übte er mit der ihm eigenen Konsequenz Introvision.

Tinnitus wird häufig von Stress verursacht – entweder durch großen Lärm, der ja generell Stress mit sich bringt, oder allgemeinen Stress durch Überlastung – und ist häufig auch das Überbleibsel eines Hörsturzes. Gerade beim Umgang mit Tinnitus hat es sich erwiesen, dass es das Symptom verschlimmert, wenn man sich dagegen wehrt. Je ungeduldiger man das Ohrgeräusch weghaben will, desto hartnäckiger wird es. Betroffene wissen, dass einen das fast in den Wahnsinn treiben kann, und versuchen deshalb umso mehr, dem durch Eingreifen von außen – es weg haben zu wollen – ein Ende zu bereiten. Viel bessere Ergebnisse erzielt man jedoch, wenn man sich auf das Geräusch einlässt. Sich einer Sache so widerstandslos zu überlassen, ist für Menschen mit »Sei stark«-Antreiber eine große Herausforderung. Wenn man den Anspruch an sich selbst hat, alles zu bewältigen, alles zu packen, fällt es schwer, Dinge einfach einmal geschehen zu lassen und nur zu beobachten, statt zu handeln. So war es auch für den Klienten verblüffend, zum ersten Mal bewusst wahrzunehmen, wie viel in ihm passiert. Noch mehr verblüffte ihn allerdings die Erkenntnis, wie entspannend es sein kann, einmal nicht mehr kämpfen zu müssen, sondern sich dem, was passiert, zu überlassen.

Er machte die Erfahrung, dass die Introvision ihm nicht nur half, besser mit seinem Tinnitus klarzukommen, sondern dass er dadurch überhaupt zu mehr innerer Ruhe kam. Es brachte ihm eine bisher nicht gekannte Entspannung, nicht mehr kämpfen zu müssen. Und er hatte die Erkenntnis, dass dieses Mitgehen mit dem, was ist, etwas anderes ist, als »sich in seine Schwächen plumpsen zu lassen und nur noch zu leiden und zu jammern«, wie er vorher gefürchtet hatte. Bewusst beobachten ohne einzugreifen heißt eben nicht, sich gehen zu lassen, sondern ist eine Form von innerer Stärke, die ohne Kampf auskommt.

5. Beeil dich

Hektik, Druck, Beeilung – wer den Antreiber »Beeil dich« verinnerlicht hat, dem kann es nicht schnell genug gehen, Verzögerungen bereiten ihm eine fast körperliche Qual und irgendwohin zu spät zu kommen ist eine seiner Lieblings-Horrorvisionen. Er ist dauernd nervös, weil er solchen Termindruck hat, weil so vieles gleichzeitig getan werden muss, weil alles schnell gehen muss, sonst geht die Welt unter. Wer schon als Kind dauernd zu größerer Eile angetrieben wurde, der will oft auch noch als Erwachsener ein maximales Tempo vorlegen – und seine Umgebung soll es gefälligst auch tun.

Ein Hektiker wirkt leider hoch ansteckend! Man kann sich dem Druck, den ein echter Hektiker macht, kaum entziehen. Der Hektiker macht niemals die Erfahrung, dass Dinge tatsächlich in kürzerer Zeit erledigt sind, wenn man sie mit Ruhe und Gelassenheit angeht – das lässt sein Antreiber nicht zu.

Zeit ist ein knappes Gut, das weiß niemand besser als der Hektiker – nur dass er die kostbare Zeit verschwendet, weil er ja keineswegs schneller, sondern letzten Endes langsamer ist, das weiß er leider nicht. Sein Antreiber zwingt ihn, sich und anderen Druck zu machen, und sein ohnehin hohes Stress-Level wird noch weiter gesteigert durch seine inneren Katastrophenfilme, in denen er sich ausmalt, was alles Schreckliches passieren wird, wenn er sich nicht beeilt. Da in der Eile meist nur eines schnell gemacht wird, nämlich Fehler, ist der Hektiker wahrhaftig in keiner beneidenswerten Position – das, was sein Heilmittel sein sollte, lässt ihn zusätzlich straucheln. Weil er immer so in Eile ist, gerät er immer mehr in Zeitdruck.

Der »Beeil dich«-Antreiber eignet sich hervorragend dafür, das Phänomen zu beobachten, wie Menschen ihr Leben so organisieren, dass sie ihrem Antreiber ständig Folge leisten *müssen*. Sie sind immer unter Zeitdruck, immer abgehetzt und sie tun alles dafür, dass das auch so bleibt. Statt eine vernünftige Zeitplanung zu betreiben, takten sie ihre Termine so knapp, dass ihnen tatsächlich keine Verschnaufpause bleibt, und wenn sie wissen, dass sie um zwölf am Bahnhof sein müssen, um den Zug nicht zu verpassen, fällt ihnen um Viertel vor zwölf eine dringende Aufgabe ein, die sie vorher noch unbedingt erledigen müssen, sodass sie ihren Zug tatsächlich nur mit hängender Zunge erreichen.

Hinter dem »Beeil dich«-Antreiber stecken die offenbaren Ängste, nicht schnell genug zu sein oder unpünktlich zu sein, doch bei näherer Analyse treten die tiefer liegenden Imperative zu Tage, die auf der Angst basieren, entweder nicht erfolgreich zu sein oder abgelehnt zu werden. Auch bei diesem Antreiber ist es sinnvoll, erst einmal mit dem Offensichtlichen zu beginnen. Denn meistens löst schon der Satz »Es kann sein, dass ich total unpünktlich bin« großen Stress aus. Wenn sich schließlich der Imperativ, unbedingt pünktlich sein zu müssen, aufgelöst hat, erleben die Betroffenen dadurch die für sie zunächst paradoxe Situation, dass sie es schaffen, in aller Ruhe zu agieren und trotzdem ihre Termine einzuhalten.

Gerade bei diesem Antreiber kann es hilfreich sein, nicht nur zu Hause die empfohlenen etwa zehn Minuten zu üben, sondern sich auch im Alltag mit dem Satz zu beschäftigen, den man für sich gefunden hat. Eine gute Möglichkeit dazu bietet sich zum Beispiel, wenn man mit dem Auto unterwegs ist und in einen Stau gerät. Das ist für niemanden schön, aber wer mit dem »Beeil dich«-Antreiber kämpft, gerät besonders in Stress, weil er sofort von seinem Imperativ unter Druck gesetzt wird. Das äußert sich in Verhalten, das jeder schon beobachtet hat: Es wird ganz nah aufgefahren, dauernd wird die Spur gewechselt und jemanden vor sich in die Spur zu lassen, kommt gar nicht in Frage. Sollte ein Beifahrer dabei sein, muss er sich Schimpftiraden anhören über unfähige Autofahrer, die durch ihr unmögliches Fahrverhalten den Stau immer länger machen. Wer schon ein wenig in Introvision geübt ist und sich dann sagen kann: »Es kann sein, dass ich zu spät komme« oder: »Es kann sein, dass die Fahrt jetzt länger dauert als geplant«, wird seinen Stress vermutlich augenblicklich reduzieren. Wenn man sich klarmachen kann, dass man keine einzige Sekunde früher ankommt, selbst wenn man sich noch so sehr aufregt, kann man seinem »Beeil dich«-Antreiber den Laufpass geben. Eine Sache, die man nicht ändern kann, so zu akzeptieren, wie sie ist, bringt sofortige Entspannung und Gelassenheit.

12. Kapitel

Wie Introvision gelingt: Die ersten vier Fälle nach gelungenem Coaching

Anna Bauer

Alle vier Fälle, die wir eingangs beschrieben haben, konnten mit Hilfe von Introvision aufgelöst werden. Beim ersten Fall ging es um Anna Bauer, die ihr Berufsleben erfolgreich gestartet hatte, aber nicht mehr auf die Beine kam, als der Erfolg sie verlassen hatte. Statt das Richtige zu tun und bereits bestehende Kunden anzurufen, ihre alten Netzwerke zu aktivieren oder neue Kunden zu akquirieren, hatte sie lange Zeit mit Konfliktvermeidungs-Strategien versucht, sich selbst zu beruhigen. All ihre halbherzigen Versuche, ihr Verhalten zu verändern, versandeten jedoch beziehungsweise verschlimmerten die Situation so weit, dass auch ihr Familienleben fast daran zerbrach.

An diesem Punkt angekommen, suchte sie sich Hilfe im Coaching. Dort trat zunächst ein starker Imperativ zu Tage, der lautete: »Ich muss auf jeden Fall gebraucht werden!« Dass die Familie sie nicht mehr brauchte, das durfte auf keinen Fall geschehen, doch wenn sie nicht mehr erfolgreich war und deshalb nicht mehr zum Familieneinkommen beitragen konnte, stand ihrem Gefühl nach genau das zu befürchten. Als sie mit dem Coach darüber sprach, äußerte Anna Bauer zwar zuerst, dass es auch eine Entspannung für sie bedeuten würde, wenn sie kein Geld mehr verdienen müsste. Doch als sie sich in der Introvision mit dem Gedanken »Es kann sein, dass ich nicht mehr gebraucht werde« konfrontierte, löste das einen heftigen Alarm aus, der verbunden war mit dem Gefühl von großer Trauer. Als sie schilderte, was sich während der einzelnen Introvisions-Sets in ihrem Inneren abgespielt hatte, sprach sie davon, dass in ihr das Bild eines Mühlsteins aufgetaucht war, der unerträglich schwer an ihrem Hals hing. Dazu passend empfand sie das Gefühl einer immensen Erleichterung, nachdem es ihr gelungen war, den Alarm zu reduzieren, den der Satz auslöste.

Bei der Arbeit mit dem ersten Imperativ war jedoch auch recht schnell klargeworden, dass es einen zweiten Imperativ gab, der sie noch weit mehr beeinträchtigte. Näher nach ihrer Lebensgeschichte befragt, erzählte sie, dass sie als Kind systematisch von ihren Eltern entmutigt worden war. Die Eltern trauten ihr nichts zu und werteten sie und ihre Leistungen dauernd ab. Sie unterstützten schon gar nicht ihren Wunsch, eine weiterführende Schule zu besuchen. Die Eltern wollten eigentlich, dass sie von der Schule abging und eine Lehre machte, mehr sei bei ihr ja nicht drin. Anna Bauer erkämpfte sich trotzdem, auf dem Gymnasium zu bleiben, machte Abitur und studierte. In Begriffen der Transaktionsanalyse ausgedrückt hatte sie ein klassisches »Verlierer«-Skript mit einer ausgeprägten Einschärfung: »Schaff's nicht.«

Wie wir erläutert haben, kann man mit Einschärfungen entweder so umgehen, dass man ihnen folgt, oder so, dass man dagegen angeht. Anna Bauer hatte sich zunächst gegen die Einschärfung gestemmt. Sie wollte ihren Eltern unbedingt beweisen, dass sie es sehr wohl schaffte. Lange Zeit gelang ihr das auch. Als es mit ihrem Studio für Webdesign jedoch schwierig wurde, weil ein Mitbewerber ihr die Kunden abgejagt hatte, kam ihr »Schaff's nicht«-Skript mit voller Wucht zum Tragen. Die inneren Zweifel an ihren eigenen Fähigkeiten, die immer schon da gewesen waren, gewannen die Oberhand. Um neue Kunden zu gewinnen, hätte sie akquirieren müssen, doch jedes Mal, wenn sie daran dachte, einen Kunden anzurufen, kamen auch die nagenden Gedanken, die ihr sagten, dass sie eben doch nichts könne, sie nicht gut genug sei, dass sie es ja doch nicht schaffen würde, den Kunden zu überzeugen – die typischen Auswirkungen ihrer Einschärfung.

Anna Bauer hatte die Zweifel an ihren Fähigkeiten, die ihre Eltern gesät hatten, so sehr verinnerlicht, dass sie sich auch selbst ständig abwertete. Als »Gegenmittel« gegen die inneren Abwertungen suchte und brauchte sie dringend die Anerkennung von außen, die sie sich selbst nicht geben konnte. Aufgrund der Erfahrungen mit ihren Eltern hatte Anna Bauer deshalb den Imperativ »Ich darf auf gar keinen Fall abgelehnt werden!« entwickelt. Das besitzt eine einleuchtende »Psycho-Logik«: Wäre zu ihrer inneren Abwertung, die sie ohnehin dauernd betrieb, noch die äußere Abwertung in Form von Ablehnung hinzugekommen, wäre das einfach zu schwer zu verkraften gewesen.

Wann immer sie nun in Richtung Akquise dachte, wurde bei ihr ein heftiger innerer Alarm ausgelöst. Denn ihre inneren Zweifel an sich selbst suggerierten ihr ein wahrscheinliches Scheitern bei dem Versuch, einen neuen Kunden zu gewinnen. Dieses Scheitern wäre gleichzusetzen gewesen mit einer Ablehnung und eine Ablehnung durfte ja auf gar keinen Fall passieren, um ihr schwer angeschlagenes inneres Gleichgewicht nicht gänzlich zu ruinieren. Dieser innere Kreislauf hatte zur Folge, dass sie nun praktisch ihr Skript auslebte. Sie war nicht mehr erfolgreich. Der erste konkrete Misserfolg, den sie erlebte hatte, genügte, die von ihren Eltern eingepflanzten inneren Zweifel so mächtig werden zu lassen, dass sie nicht mehr imstande war, ihr Verhalten wieder auf »Erfolg« umzuwenden.

Während der aktuellen Coaching-Sitzung gelang es nicht, diesen Alarm ganz auf null zu bringen, doch Anna Bauer konnte ihn immerhin reduzieren. Ihre Hausaufgabe bestand darin, die nächste Zeit täglich etwa zehn Minuten mit dem Satz zu sitzen: »Es kann sein, das ich abgelehnt werde«, entweder bis der Alarm ganz gelöscht war oder bis zur nächsten Sitzung, zwei Wochen später.

Das Üben für sich allein klappte gut und bis zur nächsten Sitzung hatte sie den Alarm bis zu einer Belastung von eins auf der Skala reduziert. Sie berichtete wieder, welche Gefühle von Erleichterung sie durch die bisherige Arbeit mit Introvision erlebte – aber es war auch klar, dass ihre inneren Konflikte noch nicht gänzlich aufgelöst waren. Denn es gab bei ihr noch einen weiteren Imperativ, den sie installiert hatte, um gegen ihr Skript anzukämpfen und ihren Eltern zu beweisen, dass sie Unrecht hatten und sie sehr wohl etwas zu schaffen in der Lage war. Dieser Imperativ lautete: »Ich darf auf gar keinen Fall scheitern!« Auch dieser Imperativ trug zu ihrem passiven Verhalten angesichts ihrer beruflichen Flaute bei: Hätte sie zu akquirieren versucht und wäre erfolglos geblieben, wie sie es aufgrund ihrer Zweifel an sich selbst befürchtete, wäre ihr Scheitern offenbar geworden. Es hätte kein Weg mehr darum herum geführt anzuerkennen: »Ich bin gescheitert.« Das durfte ihr inneres Alarmsystem nicht zulassen, weshalb sie sich in all die Konflikt-Vermeidungs-Strategien stürzte, die wir anfänglich beschrieben haben. Damit konnte sie das überaus durchsichtige Feigenblatt aufrechterhalten, sie sei aktiv auf der Suche nach einer Lösung ihres Problems und außerdem noch nicht gescheitert, da sie es ja noch gar nicht richtig versucht habe. Anna Bauer hatte diesen Versuch eines Selbstbetruges ja auch eine ganze Weile durchgehalten – so lange, bis der dadurch entstandene Schaden irreparabel zu werden drohte, weil ihr Partner dabei nicht mehr mitspielen wollte und konnte.

Der Satz, mit dem Anna Bauer das nächste Introvisions-Set begann, hieß »Es kann sein, dass ich scheitere!« und wurde im Verlauf des Coachings noch verschärft zu: »Es kann sein, dass ich total scheitere!« Das brachte laut ihren Aussagen einen »Höllenmix« an Alarmreaktionen in Gang, bei dem viele Bilder aus ihren Kindertagen an die Oberfläche kamen. Dass diese alten Bilder auftauchten, zeigt, wie eng der Imperativ mit ihrem Lebensskript verknüpft war. Doch es gelang ihr noch in dieser Sitzung, den Alarm zu löschen. Sie schilderte sehr bewegt, welch eine Befreiung das für sie bedeutete. In der

Folge schaffte sie es, beruflich wieder Fuß zu fassen, sich einen neuen Kundenkreis aufzubauen und auch ihr Familienleben kam wieder in Ordnung.

Christian

Während es im Fall von Anna Bauer eine enge Verbindung von innerem Konflikt und Lebensskript gab, war beim Studenten Christian, der so stark an Prüfungsangst litt, dass er sich übergeben musste, wenn er nur an die Prüfung dachte, davon nichts zu erkennen. Die Vermutung, dass es sich auch bei ihm um die Auswirkung der Einschärfung »Sei nicht erfolgreich« handeln könnte, bewahrheitete sich nicht. Seine Eltern hatten ihn immer unterstützt und gefördert und übten auch angesichts seiner Prüfungen keinen Druck auf ihn aus. Sie gaben im Gegenteil ihr Bestes, um ihn zu beruhigen. Trotzdem hatte sich bei Christian eine heftige Angst vor dem Scheitern ausgebildet, die in dem Imperativ gipfelte: »Ich darf mir nahestehende Menschen nicht enttäuschen!«

Christian saß zunächst mit dem Satz »Es kann sein, dass ich meine Freunde enttäusche« und nachdem er damit keinen Alarm mehr auslösen konnte, mit »Es kann sein, dass ich meine Familie enttäusche«. Damit erlebte er starke körperliche Reaktionen, sein Magen verkrampfte sich und ihm wurde schlecht, doch ebbten diese Wellen im Verlaufe mehrerer Settings ab, sodass seine Stress-Belastung in der ersten Sitzung von neun auf vier sank. Nach der zweiten Coachingsitzung reduzierte sich die Belastung auf null und er bewältigte seine bevorstehende Prüfung ohne Schwierigkeiten. Die Arbeit mit Christian war ein gutes Beispiel dafür, dass es nicht notwendig ist, lebensgeschichtliche Zusammenhänge zu erkennen, um Introvision erfolgreich anzuwenden.

Franziska Eberhard

Im dritten Fall, bei dem es um die schwierige Beziehung der Klientin zum Ehemann ging, spielte der lebensgeschichtliche

Zusammenhang wieder eine größere Rolle. Franziska Eberhard war unter schwierigen Bedingungen aufgewachsen, mit einer behinderten Mutter und einem alkoholkranken Vater. Sie hatte sich von klein auf um ihre Mutter gekümmert, dafür aber kein Lob geerntet, sondern war im Gegenteil besonders vom Vater permanent beschimpft und abgelehnt worden, worunter sie sehr gelitten hatte. Da man als Kind auf die Anerkennung durch die Eltern angewiesen ist, tat sie alles dafür, um doch noch wenigstens ein kleines Bisschen der positiven Zuwendung zu bekommen, die sie sich so dringend wünschte. Aber obwohl sie es den Eltern bis zur Selbstverleugnung recht machen wollte, erlebte sie massive Zurückweisungen. Der Imperativ, der sich aufgrund dieser Erfahrungen bei ihr entwickelte, lautete: »Es darf auf keinen Fall passieren, dass ich abgelehnt werde.«

Die Skript-Einschärfung, die sie vor allen Dingen von ihrem Vater mitbekommen hatte, war »Sei nicht wichtig«. Ihre Bedürfnisse und Wünsche interessierten ihn in keiner Weise und die Überzeugung, die sich bei ihr infolgedessen etablierte, war: »Ich bin eigentlich nicht liebenswert, und ich muss mir Liebe verdienen, indem ich es allen recht mache.« Ihr ganzes Leben war bestimmt von der Angst vor Ablehnung. Im Coaching löste der Satz »Es kann sein, dass ich abgelehnt werde« eine so heftige körperliche Reaktion aus, dass Franziska Eberhard sich längere Zeit ausschließlich auf ihre Atmung fokussieren musste, während sie an den Satz dachte, bevor sie so weit war, ihre konstatierende, nicht-wertende Aufmerksamkeit auf die Vorgänge in ihrem Innern zu richten.

Beim Betrachten der inneren Reaktionen auf den Satz »Es kann sein, dass ich abgelehnt werde« wurde ihr schnell deutlich, dass sie nicht nur ihr Privatleben nach ihrem Skript gerichtet hatte, sondern dass sie auch im Berufsleben alles dafür getan hatte, um nur ja nicht abgelehnt zu werden. Sie hatte sich niemals getraut, klare Grenzen zu ziehen oder gar einmal jemanden in seine Schranken zu weisen, schon gar nicht ihren Chef, der das weidlich auszunutzen wusste. Aus diesem Grund hatte sie sich auch niemals wirklich mit ihrem Partner auseinandergesetzt, weil er jedes klare oder kritische Wort von ihr als Angriff auf seine Person wertete. Dadurch geriet er selbst in innere Not, aus der heraus er seine zynischen und verletzenden Bemerkungen machte, die bei ihr die höchste Alarmstufe auslösten und den Kreislauf aus Angst vor Ablehnung und dem Bedürfnis, es nur ja allen recht zu machen, in Gang setzten.

Der zweite Imperativ, mit dem sie danach arbeitete, war ebenfalls aus ihrem Skript erwachsen: »Es darf auf gar keinen Fall passieren, dass ich alleingelassen werde!« Das war genau das, was sie als Kind immer wieder erlebt hatte, dass sie sich vollkommen alleingelassen fühlte, weil sie niemals die Erfahrung des Angenommen-Seins gemacht hatte. Der Satz »Es kann sein, dass ich alleingelassen werde« löste deshalb beim ersten Set zunächst heftige Gefühle von Verzweiflung, Trauer und Panik aus. Doch schon bei den nächsten beiden Sets gelang es ihr, den Alarm beträchtlich zu reduzieren. Sie übte auch zu Hause weiter, bis sie die Belastung durch die Imperative auf null reduziert hatte.

In der Folge konnte sie anders mit ihrem Mann kommunizieren, weil sie es nicht mehr nötig hatte, eine Verteidigungshaltung einzunehmen, wenn er sie verbal angriff. Sie schaffte es, seine »Angriffe« ins Leere laufen zu lassen, was dazu führte, dass auch er anders auf sie reagierte. So konnten sie nach und nach eine andere Gesprächskultur etablieren, ohne dass Franziska Eberhard ihre frühere überangepasste Haltung einnahm. Ihre neue Sicherheit hatte auch Auswirkungen auf ihr Berufsleben. Vorher hatte sie aus Angst vor Ablehnung manches Mal die halbe Nacht durchgearbeitet, weil sie es jedem recht machen wollte. Damit war für sie nun Schluss. Sie grenzte sich gegen Kollegen und auch gegen ihren Chef ab, wenn es nötig war. Das war für die anderen zwar zunächst eine Umstellung, erhöhte aber ihren Respekt. Zu Franziska

Eberhards eigenem Erstaunen erfuhr sie plötzlich mehr Anerkennung und Wertschätzung als vorher.

Oliver Friedrich

Eine ähnliche Erfahrung machte Oliver Friedrich, der junge Mann, dem es unmöglich gewesen war, sich gegen die schlechte Behandlung durch seinen Hauptkunden zur Wehr zu setzen. Er bearbeitete als Erstes den Imperativ »Es darf auf gar keinen Fall passieren, dass ich einen Kunden verliere!« Allerdings löste der Satz »Es kann sein, dass ich einen Kunden verliere« recht schnell keinen Alarm mehr aus, weil Oliver Friedrich genügend Selbstbewusstsein besaß, um genau zu wissen, dass er mit seinem Können bald neue Kunden für jeden verlorenen finden würde. Es stellte sich im Gespräch jedoch heraus, dass hinter dem ersten ein zweiter Imperativ stand, der ihm mehr zu schaffen machte und der lautete: »Wenn ich Nein sage, könnte ich abgelehnt werden, und das darf auf keinen Fall passieren!«

Also arbeitete er mit dem Satz »Es kann sein, dass ich abgelehnt werde, wenn ich Nein sage«. Als er sich zum ersten Mal mit diesem Satz konfrontierte, erlebte er ein flaues Gefühl im Bauch, er fühlte sich schwindelig und aus seiner Erinnerung tauchten viele Szenen mit Menschen aus seiner Vergangenheit auf – ganz besonders solche mit seiner überaus dominanten Mutter. Er hatte zu Hause gründlich gelernt, dass es Liebesentzug zur Folge hatte, wenn er als Kind wütend oder ärgerlich war. Seine Mutter konnte zwar durchaus liebevoll und fürsorglich sein, aber sie war eben auch streng – er hatte zu gehorchen! Ein Nein ließ sie ihrem Sohn nicht durchgehen. Er erinnerte sich an etliche Situationen, da er sich weinend allein und ausgegrenzt fühlte, weil er versucht hatte, sich dem Diktat der Mutter zu widersetzen. Da Oliver Friedrich gleichzeitig auch Zuwendung und Anerkennung bekommen hatte, fiel sein Skript nicht übermäßig gravierend aus, aber die Einschärfung »Zeig keinen Ärger« führte bei der Konfrontation mit diesem Kunden, der so viele Forderungen an ihn stellte, dazu, dass er sofort in den aus Kindheitstagen bekannten Alarmzustand geriet, wenn er eigentlich Nein sagen wollte. Selbst wenn er sich vor einem Zusammentreffen ganz fest vorgenommen hatte, sich diesmal abzugrenzen, sorgte der Alarm in seiner Amygdala dafür, dass er stattdessen jenes Verhalten an den Tag legte, mit dem er bisher seinem Skript gefolgt war, nämlich besonders nett, liebenswürdig und entgegenkommend zu sein.

Er hatte zwar in seinem späteren Erwachsenenleben durchaus gelernt, auch einmal Nein zu sagen, doch da zu seiner Befürchtung, dass bei einem Nein von ihm der Kontakt zu diesem Kunden Schaden nehmen würde, auch noch die Angst hinzukam, es könnte existenziell bedrohlich werden, wenn er diese Einnahmequelle verlieren würde, hatte er sich bislang eben alles gefallen lassen. Nachdem er in nur einer Coachingsitzung seinen Imperativ gelöscht hatte, gelang es ihm schließlich sehr schnell, auf seine eigene liebenswürdige Art und Weise, aber mit absoluter Klarheit, mit seinem Kunden, der ihn plötzlich ernst nahm, zu vernünftigen Vereinbarungen zu kommen.

13. Kapitel

Detaillierte Anleitung zur Introvision

Wer sich dieser wirksamen Methode bedienen will, ist in unseren Augen am Besten beraten, die Introvision unter sachkundiger Anleitung mit einem Coach durchzuführen, der eine Ausbildung in Introvision absolviert hat. Es ist jedoch durchaus möglich, es allein auszuprobieren. Für all diejenigen, die den Wunsch haben, Introvision alleine zu machen, haben wir diese möglichst detaillierte Schritt-für-Schritt-Anweisung geschrieben.

1. Sie sollten sich auf jeden Fall schriftliche Notizen machen und nicht versuchen, alles nur in Ihrem Kopf abzuhandeln. Die schriftlichen Notizen unterstützen Sie darin, mit der Introvision erfolgreich eine Schwierigkeit aus dem Weg zu räumen, die bislang Ihre innere Ruhe und Gelassenheit gefährdet hat, auch wenn es umständlich erscheint, sich all diese Dinge aufzuschreiben.
2. Wählen Sie zunächst eine Situation aus, die Ihnen Stress bereitet. Das könnte zum Beispiel etwas sein, das Sie eigentlich gern tun möchten, das Ihnen aber Angst oder Unbehagen bereitet. Wir wollen als Beispiel wählen, dass Sie eigentlich gern mit Ihrem Chef über Ihre Arbeitssituation sprechen möchten, weil es da einiges gibt, mit dem Sie unzufrieden sind. Bisher haben Sie dieses Gespräch jedoch vermieden, weil Sie der Gedanke daran belastet.
Einerseits wollen Sie eigentlich sehr gern mit Ihrem Chef sprechen, andererseits verursacht es Ihnen Magendrücken und Nervosität, wenn Sie daran denken. Weil die berufliche Situation aber auch immer unangenehmer wird, hatten Sie sich fest vorgenommen, am kommenden Montag um

ein Gespräch mit Ihrem Chef zu bitten, doch der Montag kam und ging, ohne dass Sie etwas unternommen hätten. So verging der ganze Rest der Woche und Ihr Stress wurde von Tag zu Tag größer. Jetzt ist Wochenende und Sie haben sich vorgenommen, mit Hilfe der Introvision etwas dagegen zu unternehmen.

3. Beschreiben Sie genau Ihre Schwierigkeit. Sie schreiben also zum Beispiel auf: »Ich will mit meinem Chef über die Punkte sprechen, die mich unzufrieden machen, aber ich schiebe das Gespräch immer wieder vor mir her, weil ich nicht weiß, wie ich damit anfangen soll.«

4. Danach schließen Sie für einen Moment die Augen und begeben sich in Ihrer Vorstellung in diese schwierige Situation hinein. Stellen Sie sich so konkret wie möglich vor, wie Sie in Ihrem Büro sind, drauf und dran Ihrem Chef zu sagen, dass Sie ihn gern unter vier Augen sprechen würden, und lassen Sie sich erleben, was dabei an Gedanken und Gefühlen in Ihnen auftaucht. Alles, was Ihnen dabei durch den Kopf geht, sollten Sie schriftlich festhalten. Das heißt, Sie öffnen zwischendurch immer wieder Ihre Augen, um zu notieren, welche Gedanken gerade an die Oberfläche kamen.

5. Schreiben Sie das, was Sie gedacht haben, so wörtlich wie möglich nieder – in genau der Alltagssprache, die Sie in Gedanken benutzt haben, es geht ja nicht darum, literarische Prosa zu verfassen. Dann schließen Sie die Augen wieder und fahren damit fort, in sich hinein zu spüren, anschließend schreiben Sie wieder auf. Machen Sie das so lange, bis Sie den Eindruck haben, dass jetzt keine neuen Gedanken oder Empfindungen mehr an die Oberfläche kommen.

Sie haben nun eine Liste, auf der zum Beispiel Folgendes zu lesen ist:

– Das klingt ja, als sei ich total demotiviert.
– Er könnte das Gefühl haben, dass ich nur stänkern will.

- Er ärgert sich vielleicht, weil er denkt, mein Einsatz lässt zu wünschen übrig.
- Er verliert womöglich das Vertrauen in mich.
- Am Ende schmeißt er mich noch raus.
- Vielleicht stelle ich mich ja auch echt bloß an.
- Er nimmt mir unter Umständen übel, dass ich damit zu ihm gekommen bin.
- Vielleicht findet er mich einfach unverschämt.

5. Lesen Sie anschließend durch, was Sie sich aufgeschrieben haben und fragen Sie sich: »Wenn ich mir das so anschaue, was ist das eigentlich Schwierige für mich an diesem Gespräch?« In der Antwort auf diese Frage nach den eigentlichen Schwierigkeiten verbirgt sich meistens schon der Imperativ.

In unserem Beispiel würde die Antwort auf die obige Frage lauten: »Das eigentlich Schwierige ist für mich, dass durch ein solches Gespräch, bei dem ich meiner Unzufriedenheit Ausdruck verleihe, womöglich die Beziehung zu meinem Chef ernsthaft gestört wird.«

6. Der entsprechende Imperativ hieße: »Es darf auf gar keinen Fall passieren, dass die Beziehung zu meinem Chef gestört wird!«

Wenn Sie daran denken, dieses Gespräch zu führen, könnte es in Ihrer Vorstellung aber dazu kommen, dass die Beziehung zu Ihrem Chef einen empfindlichen Knacks erleidet, aus diesem Grund fängt der Alarm an zu schrillen, mit dem Ergebnis, dass Sie Herzklopfen bekommen, sobald Sie an das Gespräch denken, Ihr Magen sich verkrampft, Sie Nervosität verspüren und sich im Großen und Ganzen so unwohl fühlen, dass Sie das Gespräch bisher nicht in Angriff genommen haben.

Sie haben jetzt Ihren Imperativ gefunden: »Es darf auf gar keinen Fall passieren, dass die Beziehung zu meinem Chef gestört wird!« Nun geht es darum, den Imperativ so umzuformulieren, dass der Satz dabei herauskommt, der am besten geeignet ist, Ihren inneren Alarm auszulösen. Das erfordert manchmal ein bisschen Ausprobieren, denn schon kleine sprachliche Nuancen können zu großen Veränderungen darin führen, wie stark der Satz auf Sie wirkt.

Denken Sie daran, es geht darum, den Satz zu finden, der Sie am allermeisten beeinträchtigt – denn dieser Satz ist es, der am besten geeignet ist, Ihren Alarm letzten Endes zu löschen.

7. Wenn Sie den Satz formuliert haben, fragen Sie sich, wie stark Sie die Belastung auf einer Skala von eins bis zehn einschätzen würden. Es muss durchaus nicht sein, dass man immer eine Belastung von acht, neun oder gar zehn erlebt, wenn man mit einem Satz arbeiten will. Sie können ruhig auch mit einem Problem anfangen, bei dem die Belastung niedriger ist.

8. Bevor Sie mit Ihrem Satz zu arbeiten beginnen, schließen Sie die Augen und gehen ein paar Übungen zur konstatierenden, aufmerksamen Wahrnehmung durch. Wir nehmen hierfür: »Es kann durchaus passieren, dass durch das Gespräch die Beziehung zu meinem Chef ernsthaft gestört wird!«

Sie wollen einfach nur wahrnehmen, was sich in Ihnen abspielt, Sie wollen nichts bewerten und Sie wollen nichts verändern, Sie wollen es einfach nur beobachten.

Sie beginnen damit, Ihren Atem wahrzunehmen, dann erweitern Sie Ihre Aufmerksamkeit und nehmen zusätzlich Ihren Körper wahr, Sie stellen Ihre Aufmerksamkeit noch weiter und beobachten Ihre Gefühle und Ihre Stimmung und kommen schließlich auch zu Ihren Gedanken, die Sie einfach beobachten. Sie lassen sie kommen und gehen, bleiben nicht an ihnen hängen.

Wenn Sie diesen Zustand der aufmerksamen, konstatierenden Wahrnehmung erreicht haben, lassen Sie den Satz, der Ihren Imperativ bedroht, nach innen sinken. Sie denken diesen Satz und beobachten, was er mit Ihnen macht.

Es kann sein, dass Sie nun eine starke Alarmreaktion verspüren. Sie beobachten einfach nur, was auf der körperlichen, der emotionalen und der gedanklichen Ebene passiert. Was immer kommt, darf kommen. Sie beobachten und spüren gleichzeitig Ihren Atem – ohne jedoch, darauf sei hier warnend hingewiesen, Ihren Atem mit dem Satz zu synchronisieren. Es sollte also auf gar keinen Fall geschehen, dass Sie zum Beispiel in den Rhythmus kommen: Einatmen, Satz denken, ausatmen – einatmen, Satz denken, ausatmen. Das ist gefährlich, weil der Satz auf diese Art und Weise leicht eine autosuggestive Wirkung entwickelt. Der Satz darf kein Mantra für Sie werden! Damit würde genau das Gegenteil von dem erreicht, was unser eigentliches Ziel ist. Statt einer Angstreduktion, würde die Angst gesteigert. Also achten Sie darauf, dass Sie, nachdem Sie Ihren Satz haben nach innen sinken lassen, immer genügend Zeit lassen, sodass Sie beobachten können, was er auslöst, bevor Sie ihn das nächste Mal denken.

Bleiben Sie, solange Sie es können, ohne sich mitreißen zu lassen und ohne zu analysieren, in dieser Haltung der beobachtenden Aufmerksamkeit. Wenn es nicht mehr geht, wenn Sie plötzlich wahrnehmen, dass die Gedanken Sie mitnehmen, stoppen Sie diesen Prozess.

Beginnen Sie neu damit, indem Sie sich wieder in die Haltung der konstatierenden, aufmerksamen Wahrnehmung bringen, um dann wieder den Alarm auslösenden Gedanken zu beobachten. Sie werden merken, dass der Alarm geringer wird. Üben Sie etwa zehn Minuten lang, dann machen Sie eine Pause. Sie können diese Übung ein paar Tage oder auch ein paar Wochen lang wiederholen, wenn es sich um einen hartnäckigen Alarm handelt –, so lange, bis der Alarm bei null angekommen ist und der Satz keinerlei Reaktion mehr bei Ihnen zeitigt. Dann können Sie sicher sein, dass der Imperativ gelöscht ist. Sie haben die Introvision mit diesem Imperativ erfolgreich abgeschlossen!